干支一運60年の天皇紀

藤原不比等の歴史改作システムを解く

林順治

えにし書房

はじめに

　在野の古代史研究者井原教弼(みちすけ)が『季刊アジア古代の文化』（大和書房）に「古代王権の歴史改作のシステム」という天才的な論文を発表したのは1985年（昭和60）1月のことです。井原教弼の論文は『東アジアの古代文化』の常連ともいえる田村圓澄・上田正昭・直木幸次郎・吉野裕子ら古代史学界（会）の錚錚(そうそう)たるメンバーの座談会・論文と一緒に掲載されています。

　しかし残念と言うのか、不可解と言っていいのか、「記紀」（『古事記』と『日本書紀』）に依存する論者たちと異なり、際立って突出している井原論文が、当時、どのような経緯で掲載され、学者・研究者などから評価され、あるいは批判され、または黙視されたのか知ることができません。

　というのはこの井原論文は発表される前も後も井原教弼の出自・経歴・職業など取材できるような手掛かりがほとんどないからです。あるとすれば唯一『東アジアの古代文化』42号に掲載された論文だけです。悪く解釈するならばこの論文が井原教弼に対する日本人固有の忖度(そんたく)社会における周囲の無意識の差別と抑圧を産んだのではないかと思われることです。

　井原教弼が意図することは「古代王権の歴史改作のシステム」という標題からも一目瞭然です。なぜならば従来の天皇の起原＝日本の歴史観、すなわちアマテラスを祖とし神武を初代天皇とする万世一系天皇の物語『日本書紀』成立の秘密を科学的にかつ根源的に明らかにしているからです。

　それでは井原教弼の唯一の論文がいかなる衝撃的内容を含んでいるのか、その一端を次に紹介します。

　　　古今東西を問わず数多くの人間をある目標――例えば歴史改作という目標――に向かって統一行動をとらせるには、システムが必要である。日本の建国史を完全に書き換えてしまうという作業は数十年にわたって継続して行われ、しかもそれがいくつかのグループに別れ、メンバーも

長い間に交替していったものと思われる。日本人だけではなく朝鮮渡来の史官たちもまじっていた。

これらをコントロールしながら巧妙に歴史を書き改めていくには多くのメンバーが簡単にできる書き換えのシステムが決定され、それにもとづいて作業が行われたのであろう。しかもそれに携わる人数が多ければ多いほど、作業期間が長期化すればするほど、必要に応じて、直ちに、容易に、記事を改作前の姿に復元できるようなシステムでなければならない。辛未の年に即位し、庚午の年に死亡するという干支一運60年の天皇紀こそは、このようなシステムを完全に満足させるものであった。

この井原論文から3年目の1988年（昭和63）在野の古代史研究者石渡信一郎は『日本古代王朝の成立と百済』（私家版）を公にし、その2年後の1990年（平成2）に『応神陵の被葬者はだれか』を出版します。この本で石渡信一郎は「朝鮮半島から渡来した加羅系と百済系の新旧二つの渡来集団が日本の古代国家をつくった」という仮説を発表します。

アマテラスを祖とし神武を初代天皇とする万世一系天皇の物語を根底から解明し、日本古代国家は朝鮮半島からの渡来集団によって成立したとする昭和の終わりから平成の始めにかけて起きた石渡説と井原説（仮説）のドッキングは、単なる偶然ではなく、歴史のグローバル化によって起こった東アジアのなかにおける日本及び日本人の歴史の必然的な結果によるものです。

2001年（平成13）以降、石渡信一郎は自らの仮説「新旧二つの渡来集団よる古代日本国家の建設」を実証するために「干支一運60年」の井原説の研究に専念します。そして『邪馬台国の都吉野ケ里遺跡』『蘇我氏の実像』『日本神話と藤原不比等』『日本神話と史実（上・下）』を次々に出版、そして2016年4月新訂版の『倭の五王の秘密』を出版、昨年（2017年）1月9日亡くなりました（享年91歳）。エベレスト無酸素単独登頂にも似たその孤独な仕事は正に賞賛に値します。

それ故にこそ私にとって本書『干支一運60年の天皇紀』は石渡信一郎の遺志を引き継ぐ仕事といっても過言ではありません。また本書は石渡説と井

原説がなければ成立しえないことは申すまでもありません。なお、本の構成に独自性を持たせるために初代神武から元正天皇までの干支表を付録としました。参照していただければ幸いです。

干支一運60年の天皇紀〈目次〉

はじめに 3

第1章 干支一運60年の天皇紀 ──────── 11
1 甲子に始まり癸亥で終わる「干支紀年表」 11
2 神武天皇はなぜ辛酉の年に即位したのか 13
3 創作された神武天皇＋「欠史八代」の天皇 16
4 辛未に即位、庚午に死亡のカラクリ？ 19
5 藤原不比等による歴史改作のシステム 21
6 井原教弼と石渡信一郎の驚くべき仮説 25

第2章 崇神＋垂仁と倭の五王「讃・珍・済・興・武」──── 31
1 景行天皇の子ヤマトタケルの物語 31
2 加羅系崇神王朝と三角縁神獣鏡 34
3 崇神・垂仁および倭の五王の墓 36
4 百舌鳥・古市古墳群の出現前夜 41
5 倭の五王と倭武の関係図 43

第3章 七支刀銘文の倭王「旨」はだれか ──────── 47
1 『宋書』倭国伝の564字の記事 47
2 石上神宮の七支刀銘文を解読する 50
3 だれが三角縁神獣鏡鏡を作ったか 54
4 覇権国中国と高句麗・百済・倭国の関係 55

第4章 好太王碑文の「倭」──────── 59
1 高句麗王談徳こと広開土王 59
2 碑文は改竄されなかった 62
3 「倭」の解釈をめぐる論争 64
4 「記紀」依存の「三王朝交替説」と「九州王朝説」 67

第5章　隅田八幡鏡銘文の「日十大王」はだれか ―― 71
1　「日十大王」はいかに読まれたか　71
2　神人歌舞画像鏡とはどのような鏡か　74
3　「癸未年」論争　76
4　「日十大王」はなぜ隠されたか　82

第6章　百済武寧王と継体天皇の出自 ―― 85
1　武寧王陵の発見と墓誌　85
2　雄略天皇5年の昆支渡来の記事　87
3　『宋書』百済国伝の右賢王余紀＝継体天皇　90
4　加羅系豪族同士の争いと「磐井の反乱」　93
5　『日本書紀』「継体紀」の目頬子とはだれか？　96

第7章　稲荷山鉄剣銘文のワカタケル大王 ―― 101
1　埼玉古墳群　101
2　鉄剣銘文はいかに読まれたか　103
3　継体天皇は応神の弟だった　109
4　欽明天皇＝ワカタケル大王、辛亥年＝531年　114

第8章　船氏王後墓誌と百済人 ―― 121
1　大和川と石川の合流地点　121
2　江戸後期の考証学者藤原貞幹こと藤貞幹　123
3　船氏王後は百済人であった　125
4　「船氏王後墓誌」の出土地松岳山古墳群　128

付　録　古代歴代天皇干支表 ―― 131
不比等の歴史改作について　133

あとがき　171
参考文献　173

干支一運60年の
天皇紀

藤原不比等の歴史改作システムを解く

第1章　干支一運60年の天皇紀

1　甲子に始まり癸亥で終わる「干支紀年表」

『日本書紀』は神代（神話）を経て、神武を初代天皇、持統を41代の天皇とする編年体で書かれた歴史書（年代記）です。律令国家の初期（大宝律令の成立）から1300年も経た現在も、日本古代の正史として天皇の歴史＝日本の起源を知る必須の本です。『日本書紀』巻3神武天皇即位前紀（天皇が即位するまでの系譜と事績）に次のように書かれています。（　）内は筆者注。

　　神武天皇は諱（実名、生前の名前）は彦火火出見といい、彦波瀲武鸕鶿草葺不合尊の第四子である。母は玉依姫と申し、海神の二番目の娘である。
　　天皇は生まれつき聡明であり、確固たる意志の持主でした。御年十五で皇太子になった。長じて、日向国（大隅・薩摩国）の吾田邑の吾平津媛を娶って妃とし、手研耳命を生んだ。四五歳になった時、兄たちや皇子たちに次のように語った。
　　「むかしわが天神の高皇産尊・大日孁尊（太陽のような女性、天照大神）は、この豊葦原瑞穂国をすっかりわが天孫の彦火瓊瓊杵尊（以下、ホノニニギ）に授けた。そこでホノニニギは地上に天下った。天孫が降臨されてから今日まで一七九万二四七〇年余がすぎた。
　　しかしながら遼遠の地は今なお王化の恩恵に浴していない。小さな村には酋長がいて、各々がそれぞれ境を設け、互いにしのぎを削っている。塩土老翁に聞いてみた。すると塩土老翁は"東方に美しい国があります。四方を青山が囲んでいます。その中に天磐船に乗って飛び下った者がいます"と言った。
　　私が思うにその国はきっと、天つ日嗣の大業を弘め、天下に君臨する

ものに足りる所であろう。さだめしわが国の中心の地ではあるまいか。その天から飛び降りた者というのは、おそらく饒速日(にぎはやひ)であろう。そこへ行って都を定めることにしようではないか」と言った。

諸皇子たちも「道理は明らかです。私たちも常々そう思っていました。さっそく実行なさいませ」と答えた。この年は、太歳は庚寅(年紀干支の初出)であった。

その年の冬十月の丁巳朔(ていしさく)の辛酉(五日)に、天皇は船軍を率い東征の途についた。

『日本書紀』の年を数える方法は干支紀年法に基づいています。その方法とは次の通りです。

干支紀年表

五行方位色	十二支（子丑寅卯辰巳午未申酉戌亥）						干支
木・東・青	51 甲寅 コウイン きのえとら	41 甲辰 コウシン きのえたつ	31 甲午 コウゴ きのえうま	21 甲申 コウシン きのえさる	11 甲戌 コウジュツ きのえいぬ	1 甲子 コウシ きのえね	甲
	52 乙卯 イツボウ きのとう	42 乙巳 イツシ きのとみ	32 乙未 イツビ きのとひつじ	22 乙酉 イツユウ きのととり	12 乙亥 イツガイ きのとい	2 乙丑 イッチュウ きのとうし	乙
火・南・朱	53 丙辰 ヘイシン ひのえたつ	43 丙午 ヘイゴ ひのえうま	33 丙申 ヘイシン ひのえさる	23 丙戌 ヘイジュツ ひのえいぬ	13 丙子 ヘイシ ひのえね	3 丙寅 ヘイイン ひのえとら	丙
	54 丁巳 テイシ ひのとみ	44 丁未 テイビ ひのとひつじ	34 丁酉 テイユウ ひのととり	24 丁亥 テイガイ ひのとい	14 丁丑 テイチュウ ひのとうし	4 丁卯 テイボウ ひのとう	丁
土・中央・黄	55 戊午 ボゴ つちのえうま	45 戊申 ボシン つちのえさる	35 戊戌 ボジュツ つちのえいぬ	25 戊子 ボシ つちのえね	15 戊寅 ボイン つちのえとら	5 戊辰 ボシン つちのえたつ	戊
	56 己未 キビ つちのとひつじ	46 己酉 キユウ つちのととり	36 己亥 キガイ つちのとい	26 己丑 キチュウ つちのとうし	16 己卯 キボウ つちのとう	6 己巳 キシ つちのとみ	己
金・西・白	57 庚申 コウシン かのえさる	47 庚戌 コウジュツ かのえいぬ	37 庚子 コウシ かのえね	27 庚寅 コウイン かのえとら	17 庚辰 コウシン かのえたつ	7 庚午 コウゴ かのえうま	庚
	58 辛酉 シンユウ かのととり	48 辛亥 シンガイ かのとい	38 辛丑 シンチュウ かのとうし	28 辛卯 シンボウ かのとう	18 辛巳 シンシ かのとみ	8 辛未 シンビ かのとひつじ	辛
水・北・玄	59 壬戌 ジンジュツ みずのえいぬ	49 壬子 ジンシ みずのえね	39 壬寅 ジンイン みずのえとら	29 壬辰 ジンシン みずのえたつ	19 壬午 ジンゴ みずのえうま	9 壬申 ジンシン みずのえさる	壬
	60 癸亥 キガイ みずのとい	50 癸丑 キチュウ みずのとうし	40 癸卯 キボウ みずのとう	30 癸巳 キシ みずのとみ	20 癸未 キビ みずのとひつじ	10 癸酉 キユウ みずのととり	癸

甲・乙などの10個の干を木・火・土・金・水の五行に2個ずつ配し、それぞれを「え(兄)」と「と(弟)」に分けます。すると甲(きのえ)・乙(きのと)／丙(ひのえ)・丁(ひのと)／戊(つちのえ)・己(つちのと)／庚(かのえ)・辛(かのと)／壬(みずのえ)・癸(みずのと)となります。

さらにこれを子(ね)・丑(うし)・寅(とら)・卯(う)・辰(たつ)・巳(み)・午(うま)・未(ひつじ)・申(さる)・酉(とり)・戌(いぬ)・亥

（いのしし）の12個の支に配します。

　すると表1のような甲子（きのえね）で始まり癸亥（みずのとい）で終わる60個の組み合わせができあがります。この組み合わせを使って年を数えます。干支は皆さんがふだん携帯している手帳の巻末に「年齢早見表」（邦歴・西暦年齢・干支）が付録として載っています。干支は10と12の最小公倍数は60になりますから、60年で1周します。干支一巡とも還暦（満60歳）ともいいます。

　たとえば今年2018年の干支は戊戌（つちのえいぬ）ですから、この年に生まれた人が次の戊戌の年を迎えるのは60年後の2078年、数え年の61歳です。また昭和33年（1958、戊戌年）に生まれた人は今年2018年（戊戌年）に60歳の還暦を迎えることになります。

　干支とは言わば暦のことであり、5W1H「いつ（When）、どこで（Where）、だれが（Who）、なにを（What）、なぜ（Why）、どのように（How）」の一つ「いつ」（When）のことです。干支がわからなければ「日本書紀」に記録された天皇の系譜（親子関係・系図等）や事績（行ったこと）を正しくわかりやすく伝えることも、理解することもできません。

2　神武天皇はなぜ辛酉の年に即位したのか

『日本書紀』「神武紀」から次のようなことがわかります。神武は諱（実名、生前の名前）は彦火火出見といい、彦波瀲武鸕鷀草葺不合尊の第四子として生まれています。

　また辛酉（BC660）の年に即位した神武は即位して76年目の丙子（BC585）の年に127歳で亡くなっています。すると神武の享年127年から天皇の在位期間76年を差し引く51年を即位年（BC660）に加算した紀元前711年（干支は庚午年）が神武の誕生日になります。

　神武は「御年15で皇太子になった」と書かれていますが、神武は乙酉（BC696）の15歳の時に皇太子となり、45歳の庚寅の年（BC667）に東征の途につき、7年後の辛酉の年（BC660）の3月に即位します。その時の年齢は52歳です。

『日本書紀』は神武が即位した年月日を紀元前660年（辛酉）の1月1日としていますが、その頃の日本は縄文時代晩期（亀ヶ岡遺跡）、中国は春秋戦国時代（BC770-BC220）、ギリシャはカルタゴ時代（フェニキア人が支配）、エジプトはアッシリアからペルシャの支配に入る第26王朝の時代です。

　日本の維新政府は明治6年（1873）太政官（三条実美）布告によって神武が即位した日の紀元前660年の元旦を太陽暦にかえて2月11日として、この日を「紀元節」、すなわち建国祝日としました。この「紀元節」は昭和23年（1948、芦田均内閣）に廃止されましたが、ふたたび昭和41年（1966、第1次佐藤栄作内閣）の時、現在の「建国記念の日」として復活します。

　『日本書紀』の紀年（ある紀元からの年数）は「神武紀」から「安康紀」までが儀鳳暦、「雄略紀」から最後の「持統紀」までが元嘉暦を使用しています。元嘉暦は中国南朝の宋（420-479）の何承天がつくった暦ですが、元嘉22年（445）に施行され、日本にも5世紀後半に伝来したと考えられます。

　また儀鳳暦は唐の李淳風がつくった暦で、麟徳2年（665＝天智4）から用いられたとされ、日本では690年（持統4）に元嘉暦と併用されます。しかし698年（文武2）から763年（天平宝字7）までの間は儀鳳暦だけが使用されます。

　ちなみに『続日本紀』孝謙天皇天平宝字7年8月18日条に「儀鳳暦の使用を廃して、大衍暦を使用した」とあります。大衍暦は唐の僧一行が玄宗の勅令を受けて編纂した暦法です。

　『日本書紀』は古い時代に新しい儀鳳暦を使い、新しい時代に古い元嘉歴を使用しています。元嘉暦が最初に使用されたとみられている雄略元年が457年（中国年号大明1）にあたることと、雄略が昆支（後述。倭の五王の一人倭王武）の分身であることから、元嘉歴が457年頃百済に伝えられ、百済の史書などに使用されたと推定されます。

　『宋書』百済伝に457年（大明1）10月百済王余慶（蓋鹵王）が遣使して除授を求め、鎮東大将軍に任命されたとあります。同百済伝には458年（大明2）に百済余慶が行冠軍将軍・右賢王余紀ら11人の除正を求めたとあり、この時宋の皇帝から征虜将軍に任命された行征虜将軍・左賢王余昆が昆支（応神・倭王武）と考えられます。

475年百済は高句麗長寿王（在位413-491）の侵略をうけ、百済王蓋鹵王（在位455-475）が殺害されたばかりでなく多数の百済の学者や僧侶が倭国に亡命します。

477年倭王興の後を継いだ昆支＝倭武（余昆、461年に倭国に渡来）は、ひきつづき元嘉歴を使用したと考えられます。

初期律令国家の実質的な指導者藤原不比等は元嘉歴を使用していた加羅系崇神王朝の倭国と百済の史書・史料を利用して「雄略紀」を粉飾・改作します。ちなみに「神武紀」には「辛酉年の春正月の辰辰の朔に天皇、橿原宮に即帝位す。是歳を天皇の元年とす」とあり、この年は紀元前660年の辛酉年です。

それでは『日本書紀』編纂者はいくつもある辛酉年の中で、なぜ紀元前660年の辛酉年を神武の即位年としたのでしょうか。この問題については明治時代の歴史学者の那珂通世（1851-1908）ほか何人かの注目すべき説があります。

那珂通世ですが、中国の辛酉革命説にもとづき推古天皇9年（601、辛酉年）を起点として繰り上げた1260年（60年×21運）説を唱えます。辛酉革命とは辛酉の年に革命があるとされ、特に干支一元（一運）の21倍にあたる一蔀（1260年）ごとの辛酉の年には大きな革命あるという説です。このような考えかたはすでに平安時代の公卿にして漢学者の三善清行（?-919。『藤原保則伝』『意見封事十二ヶ条』の著者）が唱えています。

しかし王朝交替説で著名な水野祐（1918-2000。早稲田大学名誉教授）は那珂通世の説はおおよそ正しいとしながら、601年（推古天皇9、辛酉年）にはなんら国家的大変革というべき事件がないとし、601年から干支一運（60年）を繰り下げた（新しくした）斉明天皇7年（661年、辛酉年）を起点とする説を提唱しました。

水野祐によれば661年は斉明天皇が亡くなり、天智天皇が称制（即位の式を挙げずに政務をとること）するという事件が重なっているからです。しかし斉明天皇の661年を起点とすると、神武の即位年まで60年プラスした1320年（22運）さかのぼることなります。この点について、水野祐は『日本書紀』編纂者が神功皇后を『魏志』倭人伝の邪馬台国の女王卑弥呼にみせ

かけるために作為したとして次のように説明しています。

　神功皇后は仲哀天皇死亡（200年）の後、在位期間69年に死亡したことになっている。しかしこれは『魏志』倭人伝記載の卑弥呼の治世年とほぼ一致させたのである。神功皇后の治世はもと9年とされていたのに、『日本書紀』編纂者は60年+9の69年にした。そのために1蔀1260年の年数が1320年になった。

3　創作された神武天皇＋「欠史八代」の天皇

　水野祐の説を卓見（優れた説明）とする『応神陵の被葬者はだれか』（1990）の著者石渡信一郎（1926-2017）は「『日本書紀』が661年を起点としたのは、その前年（660、庚申年）に百済が滅亡するという天皇家（百済が母国）にとっては深刻な事件が起こったために、この660年で古い蔀を終わらせることにした」と指摘し、神武が本当に実在の天皇であったのかどうかについて次のように指摘しています。

　神武の和風諡号(しごう)は後世に作られたものである。また神武の陵墓が考古学的に問題にならないことである。また『日本書紀』の神武の和風諡号「神日本磐余彦」(かむやまといわれひこ)にはヤマトを「日本」と書いているが、これは『続日本紀』大宝2年（702）12月条の持統の諡号「大倭根子天之広野姫」のように「倭」と表記するより新しく、元明天皇（在位707-715）の諡号「日本根子天津御代豊国成姫」(やまとねこあまつみしろとよくになりひめ)や元正天皇（在位715-724）の諡号「日本根子高端浄御足姫」(たかみづきよたらしひめ)と同じである。

　石渡信一郎は神武・綏靖・安寧・懿徳・孝昭・孝安・孝霊・孝元・開化の9人の天皇の和風諡号は持統天皇の和風諡号決定後の『日本書紀』が成立した720年までの間に藤原不比等を指導者とする『日本書紀』編纂者によって作られたものとしています。

　たしかに橿原市所在の神武陵は嘉永3年（1850年。徳川家慶の治世）に神

第1章　干支一運60年の天皇紀

『日本書紀』の歴代天皇の漢風・和風諡号と在位期間（第45代まで）

代	漢風諡号	在位期間	和風諡号
1	神武（ジンム）	BC660-BC585	神日本磐余彦（カムヤマトイワレヒコ）
2	綏靖（スイゼイ）	BC581-BC549	神渟名川耳（カムヌナカワミミ）
3	安寧（アンネイ）	BC549-BC511	磯城津彦玉手看（シキツヒコタマテミ）
4	懿徳（イトク）	BC510-BC477	大日本彦耜友（オオヤマトヒコスキトモ）
5	孝昭（コウショウ）	BC475-BC393	観松彦香殖稲（ミマツヒコカエシネ）
6	孝安（コウアン）	BC392-BC291	日本足彦国押人（ヤマトタラシヒコクニオシヒト）
7	孝霊（コウレイ）	BC290-BC213	大日本根子彦太瓊（オオヤマトネコヒコフトニ）
8	孝元（コウゲン）	BC212-BC158	大日本根子彦国牽（オオヤマトネコヒコクニクル）
9	開化（カイカ）	BC158-98	稚日本根子彦大日日（ワカヤマトネコヒコオオヒヒ）
10	崇神（スジン）	BC97-BC30	御間城入彦五十瓊殖（ミマキイリヒコイニエ）
11	垂仁（スイニン）	BC29-70	活目入彦五十狭茅（イクメイリヒコイサチ）
12	景行（ケイコウ）	71-130	大足彦忍代別（オオタラシヒコオシロワケ）
13	成務（セイム）	131-190	稚足彦（ワカタラシヒコ）
14	仲哀（チュウアイ）	192-200	足仲彦（タラシナカツヒコ）
	神功（ジングウ）		気長足姫（オキナガタラシヒメ）
15	応神（オウジン）	270-310	誉田（ホムタ）
16	仁徳（ニントク）	313-399	大鷦鷯（オオサザキ）
17	履中（リチュウ）	400-405	去来穂別（イザホワケ）
18	反正（ハンゼイ）	406-410	瑞歯別（ミズハワケ）
19	允恭（インギョウ）	412-453	雄朝津間稚子宿禰（オアサヅマワクゴノスクネ）
20	安康（アンコウ）	453-456	穴穂（アナホ）
21	雄略（ユウリャク）	456-479	大泊瀬幼武（オオハツセノワカタケ）
22	清寧（セイネイ）	480-484	白髪武広国押稚日本根子（シラカノタケヒロクニオシワカヤマトネコ）
23	顕宗（ケンソウ）	485-487	弘計（ヲケ）
24	仁賢（ニンケン）	488-498	億計（オケ）
25	武烈（ブレツ）	498-506	小泊瀬稚鷦鷯（オハツセノワカサザキ）
26	継体（ケイタイ）	507-531	男大迹（オホト）
27	安閑（アンカン）	534-535	広国押武金日（ヒロクニオシタケカナヒ）
28	宣化（センカ）	535-539	武小広国押盾（タケヲヒロクニオシタテ）
29	欽明（キンメイ）	539-571	天国排開広庭（アメクニオシハラキヒロニワ）
30	敏達（ビタツ）	572-585	渟中倉太珠敷（ヌナクラノフトタマシキ）
31	用明（ヨウメイ）	585-587	橘豊日（タチバナノトヨヒ）
32	崇峻（スシュン）	587-592	泊瀬部（ハツセベ）
33	推古（スイコ）	592-628	豊御食炊屋姫（トヨミケカシキヤヒメ）
34	舒明（ジョメイ）	629-641	息長足日広額（オキナガタラシヒヒロヌカ）
35	皇極（コウギョク）	642-645	天豊財重日足姫（アメトヨタカライカシヒタラシヒメ）
36	孝徳（コウトク）	643-654	天萬豊日（アメヨロズトヨヒ）
37	斉明（サイメイ）	655-661	天豊財重日足姫（アメトヨタカライカシヒタラシヒメ）
38	天智（テンヂ）	668-671	天命開別（アメミコトヒラカスワケ）
39	弘文（コウブン）	671-672	
40	天武（テンム）	673-686	天渟中原瀛真人（アマノヌナハラオキノマヒト）
41	持統（ジトウ）	686-697	大倭根子天之広野姫（オオヤマトネコアメノヒロノヒメ）
42	文武（モンム）	697-707	天之真宗祖父（アマノマムネトヨオオジ）
43	元明（ゲンメイ）	707-715	日本根子天津御代豊国成姫（ヤマトネコトヨクニナリヒメ）
44	元正（ゲンショウ）	715-724	日本根子高瑞浄足姫（ヤマトネコタカミズキヨタラシヒメ）
45	聖武（ショウム）	724-749	天爾国押開豊桜彦（アメシルクニオシハラキトヨサクラヒコ）

武の陵と決められ、文久元年（1861）から文久3年（1863）にかけて現在の形に改造されたのです。

　それまでは「神武田（じぶた）」という小さな古墳だったというのですから驚かされます。

　初代神武天皇をのぞく2代目綏靖から8人の天皇は即位・立太子・皇后・死亡などについては書かれていますが、天皇の事績（業績・行ったこと）などが書かれていないので「欠史八代」（実在しない天皇）と呼ばれています。

　『日本国家の起源』の著者井上光貞（1917-1983）はこれら「欠史八代」の天皇が実在しない根拠として皇位継承法の問題をあげています。『日本書紀』に書かれているこれら8人の天皇の即位継承は父子の関係にあります。井上光貞は「日本で父子相承が行われたのは七世紀からである」と指摘しています。

　「日本古代国家は新旧二つの渡来集団によって建国された」ことを明らかにした石渡信一郎は、架空の神武天皇とこれら「欠史八代」の天皇が作られた理由について次のように指摘しています。

　　　わたくしは、古墳時代の日本列島には新旧二つの倭王朝が存在したと考えている。二つの倭王朝が存在したという史実は、『古事記』の神武東征の話にもうかがうことができる。『古事記』の神武東征説話にイツセ（五瀬）とカムヤマトイワレヒコ（神武）の二人の「日の御子（みこ）」が登場するが、最初主役であったイツセが死んだ後、カムヤマトイワレヒコが主役になる。

　　　わたくしは、この二人はともに架空の始祖王であり、イツセが古い倭王朝の、カムヤマトイワレヒコが新しい倭王朝の象徴であったとみている。主役がイツセからカムヤマトイワレヒコに交替したという話は、古倭王朝が新倭王朝と交替した史実を映すものであろう。（『応神陵の被葬者だれか』）

　石渡信一郎によれば、新倭王朝（ヤマト王朝）の『日本書紀』編纂者は中国（唐）に対して、ヤマト王朝が太古から日本列島に存在したと見せかける

ために、自らの王朝の始祖王として架空の初代天皇神武（在位 660-BC585）を作り、古倭王朝の実際の始祖王崇神（在位 BC97-70）を第 10 代の天皇にします。そしてその空白を埋めるために新たに創った「欠史八代」の架空の天皇を挿入します。

4　辛未に即位、庚午に死亡のカラクリ？

それでは『日本書紀』編纂者はどのようにして架空の初代天皇神武を作り、実在の始祖王崇神を第 10 代の天皇とし、神武の即位年を紀元前 660 年に繰り上げ、「欠史八代」8 人の架空天皇「綏靖・安寧・懿徳・孝昭・孝安・孝霊・孝元・開化」を創作したのでしょうか。そしてなぜ神武と「欠史八代」の天皇は常識では考えられない長寿なのでしょうか。右の「天皇の年齢と在位年数」（『日本書紀』）の表をご覧ください。

表は初代神武天皇から第 41 代天皇持統までの『日本書紀』に記載された天皇の年齢と在位年です。一見してお分かりのように初代神武から仁徳までの年齢は異様に突出しています。

例えば実在したと言われている崇神天皇の年齢が 120 歳で在位年が 68 年、垂仁天皇の年齢は 140 歳で在位年が 99 年です。垂仁以降の天皇のなかでも 100 歳を超えた天皇は景行・政務・応

天皇の年齢と在位年数表

天皇	年齢	在位年数	天皇	年齢	在位年数
神武	127	76	安康		3
綏靖	84	33	雄略		23
安寧	57	38	清寧	若干	5
懿徳	77	34	顕宗		3
孝昭	113	83	仁賢		11
孝安	137	102	武烈		8
孝霊	128	76	継体	82	25
孝元	116	57	安閑	70	2
開化	11	60	宣化	73	4
崇神	120	68	欽明	若干	32
垂仁	140	99	敏達		14
景行	106	60	用明		2
成務	107	60	崇峻		5
仲哀	52	9	推古	75	36
神功	100	69	舒明		13
応神	110	41	皇極		4
仁徳		87	孝徳		9
履中	70	6	斉明		7
反正		5	天智	(46)	10
允恭	若干	42	天武		14
			持統	58	11

神がいます。神功は天皇ではありませんが100歳です。また仁徳は年齢が不明ですが、在位年が87年ですから間違いなく100歳以上です。

このような古代天皇の長寿（年齢）について在野の古代史研究家古田武彦（1926-2015。『「邪馬台国」はなかった』『失われた九州王朝』）は「2倍年歴」を唱えています。古田武彦の「2倍年歴」とは次の通りです。

> （「記紀」の編者が依拠した）原資料（中国の史書）は"二倍年歴"に基づく寿命計算に立つものであった。むろん「記紀」の編者はすでに私たちと同じ"一倍年歴"の世界に生きていた。したがって彼ら（編者）の目にもまた異様に見えた違いないこれらの長寿群に対し、あえて"2倍年歴"という本質に対しては改変の手を加えず、そのままの"流儀"で記載しているのである。

古田武彦の指摘する"2倍年歴"とは中国の史書に書かれている「倭人は正歳四節を知らず、但し春耕秋収を図って年紀と為す」というフレーズです。わかりやすく言えば「倭人が春耕で一回年とり、秋収でまた一回年とる」すなわち"2倍年歴"のことです。

しかし古田武彦の致命的な矛盾は1年を6ヵ月とする"2倍年歴"で書かれた原資料に改変の手を加えず記録したはずの『日本書紀』がなぜ1年を12ヵ月とする1倍年歴で書かれているのかということで、これについての合理的説明がなされていません。

卑弥呼＝アマテラス説や古代天皇実在説や神武東征史実説などユニークな日本古代史論を展開する安本美典（1934- ）は"数理文献学"の視点から古代天皇長寿説を次のように説明します。

> 神武天皇から仁徳天皇までの平均在位年数は六一・九年、履中天皇から皇極天皇までの在位年数は一二・七年である。後者にくらべ、前者の在位年数は明らかに不自然である。統計学的にみてありえないことだからこれを無視する。
> ここで天照大神以降の世係数は正しいものと仮定し、統計的に推定さ

れる古代天皇の平均在位年数を乗じて経過年数を求めると天皇の活躍年代と卑弥呼の活躍年代が重なる。よって天照大神と卑弥呼は同一人物であろう。

しかし「天照大神以降の歴代の世係数は正しい」という仮説自体がとても怪しい説明と言わざるを得ません。古田武彦も、安本美典も『日本書紀』に異議を唱えてはいますが、『日本書紀』に依存していることでは両者とも同じです。安本美典はアマテラス＝卑弥呼とし、古田武彦は神武が実在したとしているからです。

もう一度表（19頁）を見てください。空位が省略されています。ある天皇が死亡しても翌年に次の天皇が即位しない場合は空白が生じます。綏靖（3年）、孝昭（1年）、仲哀（1年）、仁徳（2年）、允恭（1年）、安閑（2年）など大化元年〈645〉まで6ヵ所の空位があります。

これら空位の期間の在位年数に加えて計算すると表4を作ることができます。〈付録〉「古代歴代天皇干支表」をご覧ください。神武の崩御（神武76年、BC585）は丙子年です。2代目綏靖の即位（BC581）は庚辰です。するとBC584（丁丑年）・BC583（戊寅年）・BC582（己卯年）の計3年は空白になることがわかります。

次頁の表は、なんら変哲もない表のように見えますが、驚くべきことが秘められています。この表は井原教弼が季刊の古代史雑誌『東アジアの古代文化』（1985年45号）に「古代王権の歴史改作のシステム」と題して発表した論文に載せています。以下、この表にもとづいて説明していくことにします。

5　藤原不比等による歴史改作のシステム

次頁の表は第1代天皇神武天皇から第35代皇極天皇までの1305年間（大化元年までの年号のなかった時代）を含んでいます。言うなれば皇紀2600年（昭和15年＝1940年）の半分、万世一系の歴史の半分です。

この1305年という長い期間は、4つのグループにわかれています。第1グループは第1代神武から第6代孝安まで6人の天皇の370年です。第2グ

ループは第7代孝霊から第15代応神天皇まで10人（神功皇后もふくむ）の600年です。

第3グループは第16代仁徳天皇と第17代履中天皇の95年です。第4グループは第18代反正から第35代皇極まで18人の天皇の240年です。そして終末の皇極天皇は日本の歴史上はじめての元号「大化」(645-650)

非年号時代の編年（神武から皇極まで）

グループ	天皇	在位年
第1グループ	1 神武 ―― 6 孝安	370
第2グループ	7 孝霊 ―― 11 垂仁	360
	12 景行	60
	13 成務	60
	14 仲哀 ―― 15 応神	120
第3グループ	16 仁徳 ―― 17 履中	95
第4グループ	18 反正 ―― 30 敏達	180
	31 用明 ―― 35 皇極	60
合計		1305

を用います。『日本書紀』孝徳天皇即位前紀に「天豊財重日足姫天皇（あめとよたからいかしひたらしひめ）の4年を改めて大化元年とした」と書かれています。

さて、表4の「在位年」の各数字を見てください。第1グループ（370）と第3グループ（95）を除く第2グループ（360＋60＋60＋120＝600）と第4グループ（180＋60＝240）の合計は840年となり、"60年の倍数"になっています。

なぜ60年の倍数なのでしょうか。井原教弼はこの問題を解きます。第2グループに注目してください。第2グループは10代10人の天皇（孝霊・孝元・開化・崇神・垂仁・景行・成務・仲哀・神功・応神）合わせて600年になり、1代あたり換算すると60年です。ただし天皇でない神功を一代（60年）として勘定にいれています。

表1の「干支紀年表」を見てもわかるように干支は甲子に始まり癸亥で終わる60個の組み合わせで構成されています。つまり60年経過するとまた最初の干支に戻ります。したがって60年の倍数で構成されているということは、同一干支の年に即位した天皇が多いこと、また同一干支の年に死亡した天皇が多いことを物語っています。〈付録〉の「古代歴代天皇干支表」を見てください。

実際、孝安・垂仁・景行・成務・応神などそれぞれの天皇崩御（死亡）年の干支はすべて庚午（こうご）になっています。したがってその翌年に即位した孝霊・景行・成務・仲哀・仁徳の各天皇の即位の年の干支はいずれも辛未（しんび）です。

つまり第2グループの10代（10人）600年は、「辛未の年に即位し、庚午の年に死亡」とする干支一運（60年）の倍数の繰り返しです。そこで井原教弼は「第2グループの10人の天皇紀は、今日伝えられているような形に落ち着く前はすべて（傍点原著者）一律に60年であった。つまり辛未の年に即位し、庚午の年に死亡する」という仮説を立てます。

『日本書紀』「崇神紀」によれば第10代崇神（ミマキイリヒコイニエ）の即位は甲申（BC97）、崩御（120歳）は崇神68年（BC30）の辛卯です。すると「辛未に即位、庚午に崩御」の原則から見ると異例と言わなければなりません。

しかし一見してわかるように、崇神48年辛未（BC50）の記事は突出しています。元年の即位から17年までの流れはスムースですが、そのあと48年までの30年間に記事が一つもありません。『日本書紀』崇神天皇48年4月19日条の「活目尊（イクメノミコト）を皇太子とする。豊城命（とよきのみこと）に東国を治めさせた。これが上毛野君・下毛野君の始祖である」という記事は特別意味あることを示しています。

おそらく元の「辛卯に即位、庚午に崩御」で構成されていたことを後世の史家に伝えるための暗号であったに違いありません。「活目尊（イクメノミコト）を皇太子とする」とあるのは、もと「活目尊（垂仁）即位す」とあったのを改作した可能性を示しています。

次に垂仁紀に移ります。〈付録〉の垂仁紀が示すように垂仁39年（10、庚午年）から垂仁87年（58、戊午年）にかけて記事の大きな断層（空白）があります。垂仁39年の庚午はさきの崇神48年辛未の立太子（皇太子になること）から数えてちょうど60年目です。言うなれば「辛未に即位、庚午に崩御」の崩御の年にあたります。おそらく現在の姿になる前はこの垂仁39年（10、庚午年）に崩御の記事があったと想定されます。その記事が抹消され、『日本書紀』垂仁天皇の次の記事だけが残ったと考えられます。

　　三十九年十月に五十瓊敷命（いにしきのみこと）は、茅渟（ちぬ）の菟砥川上宮（うと）にいらっしゃって剣一千振を作られ、石上（いそのかみ）神宮に納めた。この後、五十瓊敷命に命じて石上神宮の神宝をつかさどさせられた。

五十瓊敷命がなんのために1000本の鉄剣を作ったのかはここではわかりせん。しかしこの記事の2年前の『日本書紀』垂仁天皇37年1月1日条に「大足彦尊（景行）を皇太子とした」という記事があり、さらに7年前の垂仁天皇30年1月6日条（西暦1、辛酉年）に次のように書かれています。

　　三十年正月六日天皇（垂仁）は子の五十瓊敷命（兄）・大足彦尊（弟）を招き「お前たちはそれぞれほしい物を言いなさい」と言った。兄（五十瓊敷）は「弓矢を得たいと存じます」と答え、弟（大足彦）は「皇位を得たいと存じます」と答えます。すると天皇は「それぞれ所望するままにしよう」と言って、弓矢を五十瓊敷に授け、大足彦に「お前は必ずわが位を嗣ぎなさい」と言った。

　この垂仁30年の記事から天皇には長子の五十瓊敷と次子大足彦という2人の後継者がいることがわかります。垂仁は弟の大足彦を皇太子とします。ところが弟の大足彦が皇太子に立った2年後の垂仁39年（BC670、庚午年）に垂仁が死亡します。すると兄の五十瓊敷は時を移さず鉄剣1000本を作ります。
　ちなみにこの『日本書紀』「垂仁紀」37年正月1日条の記事はその前の崇神が次子の活目尊（イクメノミコト）を皇太子とした次の話と似ています。

　　天皇は豊城入彦と活入尊を呼び「お前たちの見た夢でどちらを皇太子にするか決めよう」と言った。兄豊入命は「自ら御諸山（三輪山）に登り、八回槍を突き出し、八回刀を撃ち振りました」と答えた。弟活入尊は「御諸山の峰に登り、縄を四方に引き渡し、粟を食む雀を追い払いました」と答えた。
　　そこで天皇は「兄は東方だけ向いていた。だから東国を治めるがよい。弟はすっかり四方に臨んでいた。まさに即位を嗣ぐのにふさわしい」と言った。

　ここで井原教弥は次のような注目すべきことを語っています。

孝霊天皇から応神天皇までの十代六百年は、おそらく辛未に始まり庚午に終わる六十年の十個の万年ごよみを並べたものであったろう。天皇とはいうものの、それはこよみに、もっともらしい名前をつけたものにすぎない。

　いま仮に、旧王朝の編年体の史書が発見されたものと仮定する。この史書をバラバラにほぐし、多くの"天皇紀"に記事を分散配置して新王朝の"万世一系の歴史"を作ろうとする場合、その"天皇紀"がいずれも六十通りの干支を包含した干支一運の天皇紀であれば、旧王朝の史書のどの年度の記事であろうと、希望の天皇紀に該当する干支のところにほうりこめる。干支一運の天皇紀は"歴史改作のシステム"なのである。

6　井原教弼と石渡信一郎の驚くべき仮説

　井原教弼によれば、「垂仁紀」は垂仁天皇39年庚午（西暦10年）のあと、さらに60年追加され、その崩御（死）は垂仁天皇99年（70）の庚午の年になります。元年（BC29）から39年（西暦10）までは天皇紀のなかに60通りの干支がそろわないので、あと60年を追加し99年の庚午（西暦70）としたのです。60個の干支が揃っていないと記事を改作するのに不便だからです。

　垂仁天皇はこのようなプロセスを経て99年在位、死亡年齢140歳という超人間になったのです。さらに続けて井原教弼は歴史改作のシステムに携わった編纂者について次のようなきわめて独創的な意見を述べています。

　　編史官たちはこのような不自然さを無視した。無神経なのではなく、あるシステムに従って述べていくことから派生的に発生したものであり、そのことによって『日本書紀』の基本的価値そのものが損なわれることにはならないという意味において無視したのである。
　　無神経ということと神経が太いということは別である。彼らは虚構の編年の枠組みのなかで国の正史を叙述するという前代未聞の離れ技を演

じたという点で、今の日本人からは想像もつかないような野放図な、図太い神経をもっていた。

　しかし、同時に、一方では律義で、理屈っぽい、融通のきかない頑固ものの集団であった。例えば第9代開化天皇（崇神の前の天皇）の「開化紀」は「甲申に即位、癸未に崩御」の六十年になっているが、これなども、もとは「辛未に即位、庚午に崩御」の六十年であったのを、その原型を残しておくために六十年のままにしてあるのである。頑固というよりシステムに忠実なのである。

　垂仁天皇の即位が崇神天皇48年の辛未の年（BC50）であったとすると、崇神の即位は一つ繰り上がって開化天皇48年の辛未の年（BC110）であるはずです。したがって「開化紀」はさらに60年前の孝元天皇45年の辛未の年（BC170）から開化天皇47年の庚午の年（BC111）に至る60年であったことになります。
　言いかえれば「開化紀」にも「辛未に即位、庚午に崩御」の原則が貫徹されます。であれば『日本書紀』の編年構造は明らかです。なぜなら第8代孝元天皇の在位が57年であるのは、この前に3年間の空位があったためです。これは綏靖天皇の即位前に空位があるのと同じです。
　今述べましたように「開化紀」は47年の庚午で終わるはずですが、60年マイナス47年の残り13年は孝霊紀にプラスされています。孝霊紀の76年は干支1運60年にこの13年と空位3年を加えたものです。
　以上のことから類推して、仲哀・神功・応神に仲哀の即位前の空位1年を加えた合計120年も、「辛未に即位、庚午に崩御」の60年に、さらにもう一つの60年をつけ加えて成立したものであることがわかります。その追加の60年は神功皇后に加えられています。神功皇后在位69年、崩御年100歳となっていますが、もとは神功の在位は9年、死亡年40歳です。
　『日本書紀』は現在伝えられている形に落ちつく前には、すくなくとも孝霊天皇から応神天皇までの連続10代の天皇紀は、すべて「辛未に即位、庚午に崩御」の60年で構成されていると考えることができます。「恐るべき事実です。一国の正史であるはずのものが、干支一運の暦でできているとは！」

と感嘆する井原教弼は『日本書紀』のシステムについて次のように指摘しています。

> 『日本書紀』では歴代の天皇の宝算（天皇の年齢）や在位年数が不明な場合、だいたい干支一運六〇年をもとにして種々案配することを常套手段としている。――水野祐はこのように考えていた。しかし不明なるが故に60年で誤魔化したのではなく、最初から計画的にシステム的に「干支一運の天皇紀」を活用したというのが私の解釈である。
> 「干支一運天皇紀」は新しく天皇紀を挿入しようと、あるいは削除しようと、あるいは天皇の順序を入れ替えようと、前後の年干支を書き変えなくて済むという誠に便利なシステムなのである。このような性質を利用して、何度も何度も手を加えていったのが『日本書紀』である。

『日本書紀』の歴史改作のシステムは天皇の和風諡号（しごう）からも明らかです。孝霊の和風諡号（しごう）は、『古事記』は大倭根子日子賦斗邇（おおやまとねこひこふとに）、『日本書紀』は大日本根子彦太瓊（おおやまとねこひこふとに）です。『日本書紀』の最後の天皇持統の和風諡号は、大倭根子天之廣野日女（おおやまとねこあめのひろのひめ）（『続日本紀』大宝3年12月条）です。

ちなみに持統天皇の諱（いみな）は鸕野讚良（うののさらら）ですが、和風諡号は2つあり、『続日本紀』の大宝3年（703年）12月17日の火葬の際の「大倭根子天之廣野日女尊（おおやまとねこあめのひろのひめのみこと）」と、『日本書紀』の養老4年（720年）に代々の天皇とともに諡された「高天原廣野姫天皇（たかまのはらひろのひめのすめらみこと）」があります（なお『日本書紀』において「高天原」が記述されるのは冒頭の第4の1書とこの箇所のみです）。

井原教弼によれば、孝霊を主部とすれば『日本書紀』の孝霊の「大日本根子日子彦太瓊」と末尾の持統の「大日本根子天之広野日女」は次のようにピッタリ一致します。しかし持統天皇の和風諡号が「倭」から「日本」に代わっているのは、『日本書紀』編纂期間（691-720）の内、Ⅰ期（691-704）、Ⅱ期（705-711）、Ⅲ期（712-720）と分けることができます。702年から704年にかけて行われた唐側（則天武后）と遣唐使粟田真人との「倭か日本か」の国名決定の交渉過程において、中国側の主張によりⅠ期（日本）→Ⅱ期（倭）→Ⅲ期（日本）と変遷します。

首部　　大日本根子日子（孝霊）
末尾　　大日本根子日女（持統）

　井原教弼は「ある時期」に孝霊天皇が初代天皇であるとしていますが、その「ある時期」とは『日本書紀』編纂段階の第Ⅰ期（691-704）の後半期と考えられます。確かに井原教弼が指摘するように天皇の系譜の首部は孝霊であって、第1代の神武から第6代の孝安天皇までの6代はあとで追加されます。このグループの天皇の在位期間も1代が干支1運60年で、合計すると360年ですが、10年追加して今のように370年になります。

　孝霊は辛未（BC290）に即位し、孝霊76年の丙戌（BC215）に崩御しますが、『日本書紀』は孝霊紀の辛未の即位をそのまま神武紀に移し、あとから辛酉の年に国家的大変革があるとする辛酉革命説にしたがって10年繰り上げて辛酉とします。このため神武から孝安までの第1グループの在位期間は370年となります。

　『日本書紀』では孝霊の死亡年は「孝霊紀」76年の丙戌ですが、神武の死亡年は「神武紀」に神武天皇76年の丙子の年（BC585）とされています。これは10年繰り上げたからこうなったのであって、繰り上げる前は神武の死亡年は綏靖天皇7年の丙戌の年（BC575）であったはずです。神武の死亡年齢は127歳、孝霊の死亡年齢は128歳と1年の誤差がありますが、これは『日本書紀』編纂者の単なる計算違いです。

　神武は最初、辛未に即位し、丙戌に死亡したことになっていましたが、あとで辛酉革命説にしたがって、10年繰り上げて辛酉の年に即位したことにされたため死亡年を繰り上げて丙子の年になったのです。

　井原教弼の仮説「古代王権の歴史改作のシステム」を受けた石渡信一郎は『百済から渡来した応神天皇』の「第6章　人物画像鏡（隅田八幡鏡銘文）」で次のように指摘しています。

　　井原教弼が指摘するように、神武は最初は丙戌の年に127歳で死んだとすると、神武も庚辰の年に生まれたことになる。つまり、昆支＝倭

王武と神武はともに庚辰の年に生まれ、丙戌の年に死亡していることになる。

　神武の死亡年齢127歳から在位期間として一律に決められた干支一運（60年）を引けば死亡年齢は67歳となる。そこで昆支（百済蓋鹵王の弟、後述）と神武は67歳で丙戌の年に死亡したという点で完全に一致する。そして『日本書紀』によれば、神武は畝傍山の東南にある橿原宮で死亡している。応神も畝傍山の東南にある明宮で死んでいる。これは昆支（応神・倭武）が橿原の地にあった宮殿で死んだ史実を伝えているとみられる。したがって昆支（倭武）は506年の丙戌の年（武烈天皇8年）に百済系倭国「東加羅」の王都橿原の地で死んだとみてよい。

　『日本書紀』は昆支＝倭王武が百済系ヤマト王朝の初代大王であった史実を隠すために、昆支（応神）を270年から310年までの間の在位とし、それによって生じた昆支（応神）と継体の間の空間を埋めるために、仁徳から武烈までの10人（仁徳・履中・反正・允恭・安康・雄略・清寧・顕宗・仁賢・武烈）の架空天皇（不在天皇）を作り出した。そして武烈天皇の死亡年である丙戌の年（506）を昆支（倭王武）の死亡年としたのである。

　神武が昆支の分身であることを考えると、神武即位の干支辛未は491年の辛未の年（仁賢天皇4年）に百済系ヤマト王朝（「東加羅」）の初代大王として即位したことを意味している。

以上、律令国家初期の"埋もれた巨象"藤原不比等による「歴史改作のシステム」を概観しましたが、次章からは日本古代国家の成立＝天皇の起原は、本当はいかなるものであったのか、これまでわかった考古学・文献史料および先学の研究を受けて明らかにしていきます。

第2章　崇神＋垂仁と倭の五王「讚・珍・済・興・武」

1　景行天皇の子ヤマトタケルの物語

　井原教弼が論文「古代王権の歴史改作のシステム」を発表した時点（『東アジアの古代文化』1985年1月）では、石渡信一郎の『応神陵の被葬者はだれか』（1990年）は出版されていません。ということは井原教弼は、応神陵の被葬者が百済の王子昆支（こむき）であることや伝仁徳陵の被葬者が昆支の弟継体（余紀）であることを認識していなかったことになります。

　にもかかわらず井原教弼の仮説「古代王権の歴史改作のシステム」は石渡説の「日本古代国家は新旧二つの朝鮮半島からの渡来集団によって建国された」という命題の根拠となっています。と同時に石渡信一郎の命題と井原教弼の仮説「干支一運60年の天皇紀」は、初期律令国家の藤原不比等をリーダーとする『日本書紀』編纂者がアマテラスを祖とし神武を初代天皇とする万世一系の天皇の物語を作るために行った「古代王権の歴史改作のシステム」の秘密を解くマスターキーとなっています。

　「記紀」（『古事記』と『日本書紀』）によると第10代崇神（ミマキイリヒコ）から第15代応神（ホムタ）までの天皇即位の順番は第11代垂仁（イクメイリヒコ）→第12代景行（オオタラシヒコ）→第13代成務（ワカタラシヒコ）→第14代仲哀（タラシナカツヒコ）→神功（オキナガタラシヒメ）→第15代応神（ホムタ）です。

　第12代景行天皇には五百城入彦（イホキイリヒコ）を長子として日本武（ヤマトタケル）（以下、ヤマトタケル）・成務（稚足彦（ワカシタラシヒコ））の3人の兄弟がいます。しかし天皇に即位したのは第1子の五百城入彦でも第2子のヤマトタケルでもなく第3子の成務です。ところが天皇の系譜は成務の子孫ではなくヤマトタケル（日本武）の子仲哀（成務の甥、足仲彦＝タラシナカツヒコ）です。

　系図Aを見ておわかりのように景行も成務も神功も仲哀も和風諡号に「タ

ラシ」が付いています。ちなみに第34代舒明（息長足日広額）、中大兄（天智天皇）の母で第35代皇極（天豊財重日足姫）も「タラシ」がついています。

井上光貞（1917-1983。『日本国家の起源』の著者）は崇神王朝の「イリ」系統のあとにこの「タラシ」系統が続くことに着目し、応神（ホムタ）はタラシ系統に婿入りした別系統の天皇であるという仮説を立てました。

井上光貞は「七世紀のある時期に万世一系の思想のもとにヤマトタケルの名と物語が付け加わって、ヤマトタケルは五百城入彦の弟、景行の子とされた」と考えます。井上光貞は実在しないヤマトタケル・成務・仲哀・神功を抜き去ると『日本書紀』の系図は成立しないとし、応神は崇神から始まる皇統の直系ではなく景行からイホキイリヒコ（五百木入日子）を経てホムタマワカ（品陀真若）にいたる系統（『古事記』）の入婿であると考えたのです。

系図Bによるとイホキイリヒコの子はホムタマワカですが、『古事記』応神紀には次のように書かれています。

　　品陀和気命（応神）は品陀真若王の娘の三柱の女王と結婚した。それぞれの名前は高木之入日売、次に中日売、次に弟日売という。〔この女王たちの父の品陀真若王は五百木入日子が尾張連の祖、建伊那陀宿禰の女志理都紀斗売と結婚して生んだ子である〕

しかし『古事記』のホムタマワカですが、『日本書紀』には登場しません。ホムタマワカは応神の子でも兄弟でもありません。割注にあるようにイオキイリヒコの子です。ホムタマワカは倭の五王「讃・珍・済・興・武」の「済」（後述）のことです。済は昆支（倭王武、昆支）が入婿となったナカツヒメ（仲姫）父であり、昆支の義父に当たります。

ヤマトタケルの物語が創作であるという井上光貞の考察は、良くも悪くものちの古代史研究に大きな影響を及ぼします。問題は井上光貞がヤマトタケル（昆支・倭王武・応神の虚像）の父である景行天皇（オオタラシヒコ）の実在を疑っていないことにあります。景行天皇が架空の天皇であるとすれば、景行天皇の子日本武尊（ヤマトタケル）の物語は壮大なるフィクションとい

第2章　崇神＋垂仁と倭の五王「讃・珍・済・興・武」

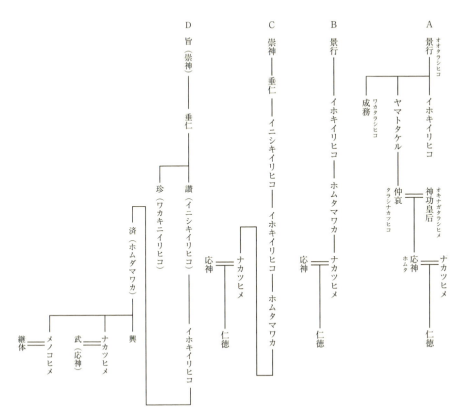

倭の五王「讃・珍・済・興・武」の即位順〔井上光貞（A）→大谷英二（C）石渡信一郎（D）〕

うことになります。

　この景行天皇を実在の天皇とする井上光貞の系図Aの欠点を補ったのが大谷英二です。大谷英二は「景行→ヤマトタケル」の代わりに崇神→垂仁→イニシキイリヒコ（五十瓊敷入彦、垂仁の第一子）→イオキイリヒコ（五百城入彦、イニシキイリヒコの第二子）→ホムタマワカ（品陀真若）の系図を作成しました（系図C）。〔「イリ系系譜の復元に関する一試論」「史正」3号〕。

　さらに石渡信一郎は大谷英二の系図を修正して崇神を始祖王とする「旨（崇神）→垂仁→讃（イニシイリヒコ）→珍（ワカキニイリヒコ）→済（ホムダマワカ）→興→武」（加羅系崇神王朝）の即位順の大王（天皇）の系譜（系図D）をつくりました。

33

石渡信一郎がつくった系図Dによると、倭の五王「讚・珍・済・興・武」の讚は『日本書紀』に記されている垂仁の長子イニシキイリヒコ（五十瓊敷入彦）にあたり、珍は垂仁の第5子のワカキニイリヒコ（稚城瓊入彦）にあたります。

　したがって系図Dからわかることは倭の五王の讚と珍は兄弟関係にあたり、即位の順番は讚（イニシキイリヒコ）→珍（ワカキニイリヒコ）となり、讚の子イオキイリヒコ（五百城入彦、珍の甥）は即位することなく、讚の孫の済（ホムタマワカ）が即位して、その子の興（オオシムラジ）が崇神王朝＝イリ王統を引きついでいることがわかります。そして百済から渡来した昆支（倭王武、応神）は済の娘仲姫、継体は済の娘目子媛に婿入りします。

　するとすでに第1章で述べました垂仁天皇（イクメイリヒコ）30年（西暦1年、干支辛酉）正月3日条の垂仁天皇が大足彦（景行）に皇位を譲ったという記事は、皇位継承がイリ系（崇神王朝）からタラシ系（継体系王統）に移ったことを物語っています。

　ここでもっとも注意を要するのは、倭の五王「讚・珍・済・興・武」の「武」はだれかということです。倭王武は崇神王朝を受け継いではいますが、加羅系ではなく百済系の出自であることです。倭王武は昆支王統（蘇我王朝）の始祖王です。

　神武天皇の即位年のBC660年（辛酉年）について、石渡信一郎は661年（辛酉年。太子として中大兄称制元年）を基点に決定されたと指摘しています。天智天皇は舒明と皇極の子ですから継体王統です。ヤマトタケルの物語（倭王武の死）は乙巳のクーデタ（645）に勝利した継体系王統と継体王統の成立に協力した中臣（藤原）鎌足とその子藤原不比等によって作られたフィクションです。

2　加羅系崇神王朝と三角縁神獣鏡

　朝鮮半島南端の加羅から渡来した崇神を始祖王とする垂仁＋倭の五王「讚・珍・済・興・武」の7人による王朝を旧加羅系崇神王朝（加羅系）、そのあとに百済から渡来した昆支＝倭王武を始祖王とする渡来集団の王朝を

百済系ヤマト王朝（百済系）と言います。

　ここではまず旧加羅系崇神王朝の始祖王である崇神のことを説明します。実は「記紀」に書かれている崇神天皇は石上神宮の七支刀に刻まれている「旨」と同一人物です。七支刀は『日本書紀』神功紀52年条（西暦252、壬申年）に百済王肖古王から献上されたと書かれていますが、実際は百済近肖古王（在位 346-375）と倭王旨（崇神）の史実を干支2運（120年）繰り上げて神功皇后の話にされています。

　百済近肖古王は 371 年太子近仇首王（貴須）とともに高句麗を攻め、高句麗の故国原王（在位 331-371）を敗死させます。そのとき倭国王旨＝崇神が百済の対高句麗戦に百済の同盟国として協力したので、七支刀はその感謝のしるしとして百済王から倭国王旨＝崇神に贈られたのです。

　4世紀前半、朝鮮半島南端の加羅から北部九州に渡来した崇神＝旨を首長とする加羅系渡来集団は北部九州の邪馬台国を滅ぼし、やがて瀬戸内海を東進して吉備地方（岡山県）に前進基地を築きます。そして大阪湾から難波・河内に浸入したのち大和盆地の東南部に王都を築きます。奈良盆地東南部三輪山西山麓の現在の桜井市一帯です。

　加羅系渡来集団は奈良盆地東南の纏向（JR 桜井線巻向駅一帯）に留まっていたわけではありません。別働隊は伊勢・志摩方面から船で駿河・相模・房総に渡り、太平洋沿岸に進出します。この集団は多摩川左岸（東京都と神奈川県の県境）の亀甲山古墳（全長 100m）や蓬莱山古墳（全長 115m）など前期前方後円墳を造っています。

　また加羅系集団の一部は伊賀・近江・尾張を経て甲斐・上毛野・下毛野に入り、常陸・奥羽に進出します。会津若松市の前期前方後円墳の会津大塚山古墳（全長 114m）からは南北2基の割竹木棺と三角縁神獣鏡や環頭大刀が見つかっています。

　ちなみに昨年（2017 年）ユネスコ「世界の記憶」に登録された群馬県高崎市の「上野三碑」は加羅系渡来集団の始祖王崇神の長子豊城入彦（トヨキイリヒコ）の子孫（7世紀後半から8世紀前半）が刻んだ石碑と考えられます。

　すでに九州に上陸した加羅系渡来集団の一部は九州を南下して薩摩・大隅半島まで進出します。加羅系渡来集団の中には加羅から船で直接出雲に渡っ

た集団、瀬戸内海沿岸の吉備から山脈を縦断して出雲に入った集団、瀬戸内海沿岸の四国に渡った集団、九州北部から日本海沿岸に沿って出雲に達した集団もいます。

　備前（岡山市）の湯迫(ゆば)の備前車塚古墳からは三角縁神獣鏡11面を含む13面の銅鏡が出土しています。倉敷市の楯築古墳の円丘頂上に祀られている石は「亀石」と呼ばれ、複雑な文様が刻まれています。また伊予（愛媛県松山市）の嶺昌寺(れいしょうじ)古墳からは2面の三角縁神獣鏡が見つかっています。伊予東部（今治平野）国分古墳にも三角縁神獣鏡が見つかっています。

　さらに阿波（徳島県）の鮎喰川流域は銅鐸の多量埋納で知られています。とくに宮谷古墳は布留式段階の県下最古の前方後円墳（全長37.5m）です。前方部は典型的なバチ形に開いています。竪穴式石室からは3面の三角縁神獣鏡が出土しています。張是作銘六神四獣鏡は京都府内里古墳出土鏡と同笵、唐草文様帯二神二獣鏡は大分県赤塚古墳・伝岡山県鶴山古墳出土鏡と同笵です。讃岐（香川県）鶴尾4号墳・石背尾山猫塚古墳などの庄内式期の古墳も加羅系渡来集団が瀬戸内海沿岸を東進したことを物語っています。

　このように加羅系渡来集団は370年代から480年代にかけての約100年の間に前期前方後円墳を築造します。前期前方後円墳の竪穴式石室には鏡・玉・武器や生活用具が副葬されます。鏡・玉・剣は亡くなった豪族に奉納された神宝で、呪術的性質を持っています。前期の後半になると円筒や家形埴輪が現れます。前期前方後円墳は後円部の墳丘に狭く低い前方部が付いています。

　これら前期前方後円墳からは畿内を中心に全国各地から500枚をこえる三角縁神獣鏡が出土しています。三角縁神獣鏡は面径が平均20cm前後、鏡背に神獣（神像と霊獣）が施され、魏の年号を銘文中に含むものも多くあります。また三角縁神獣鏡の同型鏡（同笵鏡とも）が各地から出土しています。

3　崇神・垂仁および倭の五王の墓

　崇神＝旨を始祖王とする加羅系崇神王朝は、垂仁→讃→珍→済→興→武

第 2 章　崇神 + 垂仁と倭の五王「讃・珍・済・興・武」

と 7 代続きます。これら 7 人が加羅系崇神王朝の王です。崇神・垂仁をのぞく「讃・珍・済・興・武」の 5 人の倭王は「記紀」にはいっさい記録されていませんが、『宋書』倭国伝（488 年成立）に記録されています。

崇神（312-379）が倭国に渡来して王となった時期を 342 年とすると倭の五王「讃・珍・済・興・武」の倭王武が亡くなった年が 506 年ですから、加羅系崇神王朝は、約 164 年間存続したことになります。

ただし倭の五王「讃・珍・済・興・武」の倭王武は 461 年百済から渡来して倭王済（ホムタマワカ）の入婿となった後、491 年大和橿原に「百済系ヤマト王朝」をに立てた百済系渡来集団の始祖王なので、正しくは加羅系崇神王統に属した王とはと言えません。しかしここでは倭の五王の中にいれておきます。

石渡信一郎は倭の五王「讃・珍・済・興・武」の生没・在位年代を井原教弼の「干支一運 60 年の天皇紀」をもとに割り出しました。加羅系崇神王朝の 7 人の王の平均在位年代は 23.4 年です（『新訂・倭の五王の秘密』信和書房、2016 年）。

ところが『日本書紀』記載の仁徳天皇の在位年間は西暦 313 年から 399 年まで 86 年です。中学高校以上の参考書として使われている「世界史年表」は、266 年倭の女王台与が晋（265-420、司馬炎が魏元帝から禅譲を受けて建国）に遣使してから、413 年倭王讃が東晋（317-420）に遣使するまでの日本古代史の「147 年」を"空白の 147 年"と記しています。これは倭の五王「讃・珍・済・興・武」の正体を明らかにすることができなかったからです。

その「空白の 147 年」のうち仁徳天皇の在位年 86 年が 58％を占めているのは仁徳天皇が実在の天皇ではないことを示しています。しかも仁徳紀には事実と整合できるような記事が見当たりません。

考古学的には崇神・垂仁および倭の五王「讃・珍・済・興・武」の墳墓（古墳）は次のように推定できます。始祖王の崇神（旨）の墓ですが、奈良県桜井市箸中にある全長 276m の前方後円墳の箸墓古墳です。

「奈良盆地東南部における大型古墳の分布」（『百舌鳥・古市古墳群出現前夜』大阪府立近つ飛鳥博物館発行、平成 2 年）によれば、箸墓古墳は初瀬川（大和川の上流）北 4km の所に位置しています。初瀬川の南（左岸）に外山茶臼

山古墳とメスリ山古墳があります。

　この二つの古墳は戦後発掘調査が行われ、メスリ山古墳から出土した2mを超す円筒埴輪や鉄剣・矢じりなど数百点の遺物は、現在、奈良県橿原考古研究所付属博物館（略称・橿原考古研、所在地：奈良県橿原市畝傍町）に展示されています。

　両古墳が天皇陵ではなく、天皇に仕えた巨大豪族大伴氏か物部氏の古墳ですから発掘調査ができたのでしょう。森浩一（1928-2013）は大学の講師時代から茶臼山古墳の発掘調査に従事し多くの研究業績をあげています。

　桜井の外山茶臼山古墳からは前期古墳の副葬品の典型的な組み合わせである銅鏡や玉類、剣や刀などの武器類がセットで出土しています。墳丘長207m、前方部が細長く、全体が柄鏡型の外山茶臼山古墳は箸墓古墳につづく前期古墳の初期の築造と推定されています。三角縁神獣鏡も十数枚出土しています。

　ところで箸墓古墳は『日本書紀』では第7孝霊天皇（BC290-BC213）の皇女ヤマトトトビモモソヒメ（倭迹迹日百襲姫、以下モモソヒメ）の墓とされています。『日本書紀』崇神天皇10年（BC88、干支は癸巳年）9月条によると、オオモノヌシ（大物主）の妻になったモモソヒメは御諸山（三輪山）に上ったオオモノヌシに驚いて尻もちをつき、陰部を突いて死んでしまったと

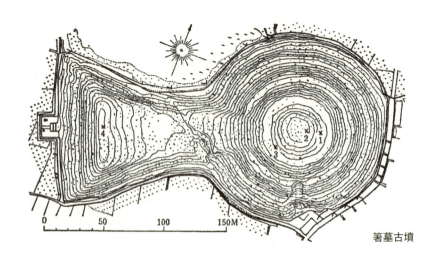

箸墓古墳

され、箸墓古墳については次のように書かれています。

> そこで倭迹迹日百襲姫を大市に葬った。それゆえ時の人はその墓を名付けて箸墓といった。このお墓は、昼は人が造り、夜は神が造った。大坂山の石を運んで築造したのである。山から墓に至るまで、人民が立ち並び、石を手から手へ渡して運んだ。

箸墓古墳を造り始めたのが『日本書紀』崇神天皇10年（BC88、干支は癸巳年）とすると、前期前方後円墳の箸墓古墳の実年代は390年前後と推定されます。『日本書紀』の崇神天皇10年の癸巳年を干支8運（60年×8運＝480年）繰り下げると393年の癸巳年にあたります。すると崇神の没年の14年後の390年前後に箸墓古墳は完成したことになります。

纏向遺跡（東西1km、南北1km）の調査は1975年（昭和50）から橿原考古学研究所の石野博信と関川尚功が中心になって行われ、箸墓古墳の周辺の発掘調査は現在も行われていま

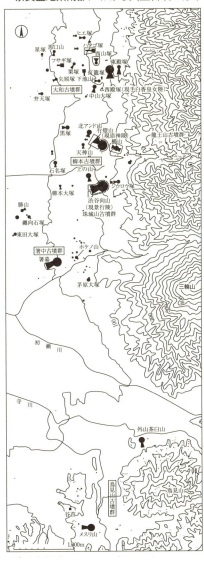

奈良盆地東南部における大型古墳の分布

すが、新聞各紙も断続的に邪馬台国の卑弥呼の墓ではないかと報道しています。箸墓古墳の実年代（380-420年）を考慮にいれるならば、このような報道は先の『日本書紀』崇神紀の記事を鵜呑みにした卑弥呼＝倭迹迹日百襲

畿内における大型古墳の編年

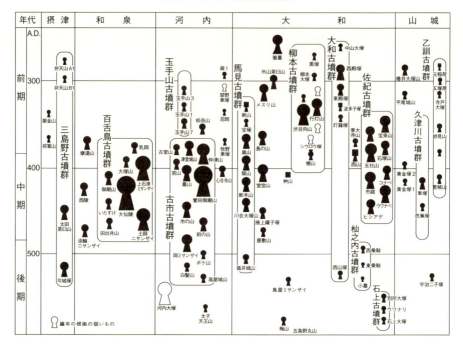

媛命論にもとづく幻想にすぎません。

　崇神の子の垂仁（イクメイリヒコ）の墳墓は行燈山古墳（全長270m、奈良県天理市柳本町）です。実は行燈山古墳は宮内庁指定では崇神陵とされています。しかしこれは「記紀」編纂者が「倭の五王」が崇神王朝の王であることを隠すために讃（イニシキイリヒコ）を景行、珍（ワカキニイリヒコ）を成務、済（ホムダマワカ）を仲哀、興を神功に書き換えて架空の系譜を作ったからです。

　「記紀」（『古事記』と『日本書紀』）では崇神は山辺道上陵、垂仁は菅原伏見陵、景行は山辺道上陵（『古事記』のみ記載）に葬られたとあります。したがって宮内庁は「記紀」の記述にもとづいて、天理市柳本町の行燈山古墳を「崇神陵」、奈良市尼辻町の宝来山古墳を「垂仁陵」、天理市渋谷町の渋谷向山古墳を「景行陵」としています。

4　百舌鳥・古市古墳群の出現前夜

　考古学者の白石太一郎（大阪府立飛鳥博物館館長）によれば大王墓は磯城→曾布→河内と移動しています。しかしお断りしておきますが、先に引用掲載した地図「奈良盆地東南部における大型古墳の分布」（『百舌鳥・古市古墳群出現前夜』）は、タイトルと論文名が示しているように伝応神陵（誉田陵）や伝仁徳陵（大山古墳）が出現する前の大和地方（奈良盆地東南部、三輪山山麓）の大王墓（崇神や垂仁など）の移動を示した図であることです。

　この本の巻頭文で白石太一郎氏は「四世紀中葉以降の大阪平野南部の古墳の動向の研究成果に基づいて考えていただくための企画である」と書いています。そして羽曳野市の誉田御廟山古墳（応神天皇陵）と大仙（山）陵古墳（仁徳天皇陵古墳）の築造年代を5世紀前半（400年代前半）としています。

　ということは石渡信一郎の提唱している倭の五王「讃・珍・済・興・武」の古墳の実年代と白石太一郎が想定している年代の差が伝応神陵・伝仁徳陵おいて約7、80年あることになります。この大きな問題は日本古代史を理解する上で極めて重要ですが、とりあえず先に進みます。

　さて、2代目の垂仁（在位380-409）（イクメイリヒコイサチ、活目入彦五十狭茅）の墓は磯城（纏向）の崇神の墓に近いところに推定できるので、年代と古墳の規模から言って崇神陵とされている行燈山古墳か、行燈山古墳の南に位置する景行陵とされている渋谷向山古墳のいずれかになります。宮内庁は渋谷向山古墳を景行陵、行燈山古墳を崇神陵としていますが、しかし渋谷向山古墳が垂仁陵で行燈山古墳は讃（景行）の陵です。

　1997年の暮れ行燈山の西側に位置する黒塚古墳（全長130メートル）からは33枚の三角縁神獣鏡が出土しました。JR奈良駅始発の桜井線の柳本駅から東へ約800メートルの町並みに沿って歩くと進行方向左のそれらしき古墳が黒塚古墳です。

　古代史学界の通説では三角縁神獣鏡は卑弥呼が魏からもらった鏡の一部とされていますが、これは間違いです。加羅系渡来集団の初代崇神から2代目の垂仁にかけて作られた鏡だからです。

倭の五王の2番目の珍（ワカキニイリヒコ、稚城瓊入彦。在438-442）の墓は、奈良盆地北部の五社神古墳（ごしき）（全長276m、奈良市山陵町宮ノ谷）です。宮内庁は五社神古墳を「神功皇后陵」としていますが、神功は邪馬台国の女王卑弥呼にみせかけた架空の皇后ですからあてになりません。

　倭の五王の三番目の済（ホムタマワカ、在位443-461）の墓（全長290m）は大阪藤井寺市沢田の仲ツ山古墳（全長290m）です。古市古墳群の北部に位置し、誉田陵（ほむた）（伝応神陵）の北側に接しています。この辺りを探索するには大阪阿倍野発近鉄南大阪線（橿原神宮方面）の土師ノ里（はじ）か道明寺（どうみょうじ）かどちらの駅でも便利です。

　誉田陵は全長415mで、大山（仙）（だいせん）古墳（伝仁徳陵）の486mに次ぐ日本最大の古墳ですが、仲ツ山古墳と前方部を突き合わせて築造されています。航空写真からその様子がよくわかります。

　通説では仲ツ山古墳は応神の后仲姫（きさきなかつひめ）の墓とされていますが、仲ツ山古墳から出土した円筒埴輪の編年からこの古墳の実年代は460年代から470年代前半とされています。したがって応神天皇の妃仲姫の墓でないことは明らかで

 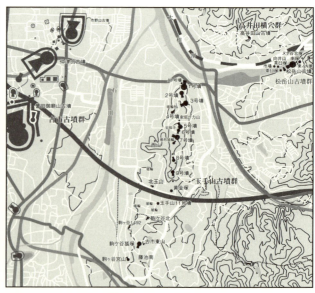

玉手山古墳群・松岳山古墳および古市古墳群

第2章　崇神＋垂仁と倭の五王「讃・珍・済・興・武」

す。

　4番目の倭王興（在位462-477）の墓ですが、堺市西区石津ヶ丘の石津丘古墳（全長366m）です。宮内庁は「履中天皇陵」としています。石津丘古墳（大阪府堺市上野芝町）は日本第3位の巨大古墳ですが、興は父済（ホムタワカ）の遺志を引き継ぎ、対高句麗戦争に備えて石津の離宮に滞在することが多かったからです。

　倭の五王「讃・珍・済・興・武」の最後の武（在位478-506）の墓は誉田（ほむた・こんだ）陵＝応神陵です。つまり、倭王武は応神陵の被葬者ということになります。事実、応神陵の周辺には「誉田」という地名があり、地元では応神陵の前にある八幡神社を「コンダさま」とも呼びます。コンダは百済蓋鹵王の弟昆支がホムタになりコンダに訛ったのです。

　以上は加羅系崇神王朝の墳墓ですが、崇神・垂仁・讃・珍の墓は、奈良盆地の東側山麓の山辺の道を桜井→天理→奈良と北上し、済と武の墓は大和川が奈良盆地を出て河内平野に出る石川と合流する地帯、現在の大阪府藤井寺市、羽曳野市の大和川左岸に位置し、興の墓は15km西の海に面した堺市にあります。

　これら大王墓の移動を白石太一郎が指摘したことは先述しました。氏は箸墓古墳の被葬者を卑弥呼とし、天理市の西殿塚古墳（全長234m、宮内庁は継体天皇の后手白香皇女の陵に治定）を卑弥呼の後継者あるいは娘の壱与（壹與）の墓としていますが、古墳の実年代や倭の五王「讃・珍・済・興・武」の実在から言っても合理的でないことは明らかです。

5　倭の五王と倭武の関係図

　前頁掲載の図「玉手山古墳群と松岳山古墳群の分布」にもとづいて説明します。ご覧のように玉手山古墳群と松岳山は石川の右岸と大和側の左岸（南）に挟まれた丘陵地帯にあります。一方、古市古墳群は石川の対岸に位置しています。

　松岳山古墳群の墳丘が東を向いているのが松岳山という名の前方後円墳です。この古墳は大和から河内に通じる大和川の絶妙な場所に位置する前期前

方後円墳です。後円部には竪穴式石室が設けられ、蓋石と底石に花崗岩を用いた組合式石棺が露出しています。

また石室の南北には立石と呼ばれる板石が立ち、それぞれの上部に円孔がありますが、その用途は解明されていません。また松岳山古墳の西40m、直径20mの円墳跡からは三角縁神獣鏡が3枚出土しています。

松岳山古墳近くの岸壁に立つと眼下に大和川が渦巻いて流れ、対岸の丘陵斜面に高井田横穴群を望むことができます。松岳山古墳の周辺から「船氏王後墓誌」(後述)が出土しています。

松岳山丘陵の南斜面には昆支王を祀る国分神社があり、もう一つ昆支王を祀る飛鳥戸神社が、4km南の近鉄南大阪線の上ノ太子駅に近い羽曳野市飛鳥に鎮座しています。ちなみに古墳の数は玉手山古墳群のほうが多く、三角縁神獣鏡も出土しています。

玉手山古墳群を訪れるには玉手山公園に行くのが一番です。近鉄道明寺駅の南の踏切を渡り、さらに石川にかかる玉手橋を渡り、石川右岸の土手を東(上流)にしばらく歩いてから町並みに入ると公園にあたります。

「倭の五王と倭武との関係図」を見てお分りのように倭の五王の済(ホムタマワカ)は新斉都媛(百済直支王の妹、『日本書紀』応神紀)との間に興(凡連＝オオシムラジ)と高木入姫と仲姫を生み、珍の孫娘大中姫との間に目子媛を生みます。

実は凡連(興)に関係することが「記紀」に記されています。『日本書紀』「継体紀」に「(継体の)元の妃は尾張連草加(済)の娘で目子媛という」とあり、『古事記』「継体記」には「尾張連らの祖先である凡連の妹目子媛と結婚し……」と書かれています。

したがってこの系図から尾張連草加＝済の娘で凡連＝興の妹目子媛(ただし興とは母親違い)が継体と結婚して安閑と宣化とを生んでいることがわかります。

倭王済の後継者にして長子の興(凡連)は体が弱かったのでしょう。済は百済蓋鹵王の弟昆支(余昆)と余紀(継体)を娘婿に迎えます。つまり昆支は仲姫と弟媛と高木入姫を后・妃とします。また余紀＝継体は目子媛(済と珍の孫娘大中姫との間に生まれ女)を妃とします。

第2章 崇神＋垂仁と倭の五王「讃・珍・済・興・武」

倭の五王と倭武（昆支）との関係図

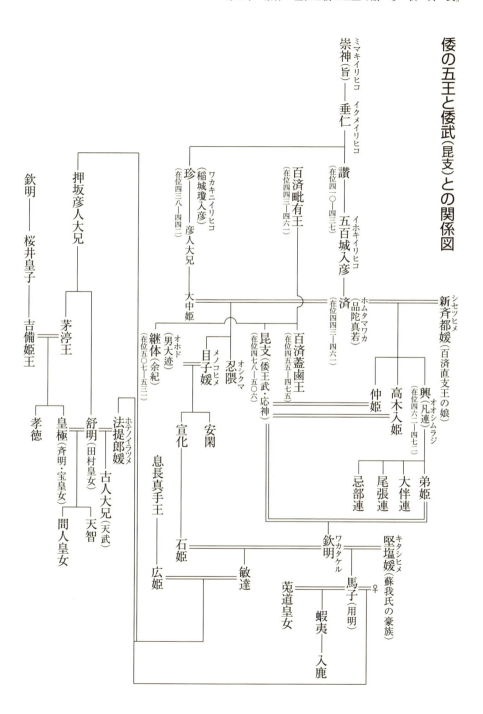

仲姫と弟媛（姫）は『書紀』応神即位前紀に、「仲姫を立てて后とし仁徳を生み、皇后（仲姫）の姉高城入姫を妃として大山守皇子らを生み、河派仲彦の女弟媛を妃として稚野毛二俣を生む云々」とあります。
　また、目子媛の名は『書紀』継体紀元年（507）3月条に「尾張連草香の女目子媛との間に安閑と宣化を生む」と書かれています。
　『日本書紀』応神紀と継体紀の年代が約130年の開きがあるのは『日本書紀』編纂者が倭王武＝昆支＝応神が兄弟であることを知られたくないために「継体が応神天皇の五世孫である」と作為しているからです。この継体紀元年（507）3月条に登場する尾張連草香は倭の五王の済であることは言うまでもありません。
　繰り返すようですが、「記紀」編纂者は倭の五王「讃・珍・済・興・武」については一切書いていません。「済」や「武」について触れるとワカタケル大王による日本古代史上最大のクーデタ（531年）である辛亥の変や、新旧二つの渡来集団の史実、崇神と応神の出自、架空の景行天皇とヤマトタケル物語、応神の母神功皇后の正体等々が露わになり、万世一系天皇の物語が崩壊するからです。

第3章　七支刀銘文の倭王「旨」はだれか

1　『宋書』倭国伝の564字の記事

　「記紀」にはいっさい登場せず、中国の史書に書かれている倭の五王ですが、倭の五王「讃・珍・済・興・武」の文献上の初出は、『宋書』倭国伝巻97・夷蕃伝の東夷・倭国の条（以下『宋書』倭国伝）です。『宋書』は、宋・斉・梁に仕えた沈約（441-513）が斉の2代目武帝（在位482-493）の命によって編纂した歴史書です。

　『宋書』倭国伝の倭の五王「讃・珍・済・興・武」の記事とは、南朝宋（421-479）の武帝（劉裕）永初2年（421）の倭讃の記事から順帝の昇明2年（478）の倭王武の上表文に終わる宋と倭王の関係を記した全文564字（原文）がすべてです。

　宋の皇帝に遣使した倭王の名は421年の讃、438年の珍、443年の済、462年の興、478年の武です。珍は安東将軍・倭国王に任ぜられ、済は安東大将軍に進められ、興は安東将軍・倭王に任じられ、倭王武は安東大将軍に任じられます。

　倭王武については「倭王武を鎮東大将軍とす」（『南斉書』479年）、「倭王武を征東将軍とす」（『梁書』502年）と書かれています。しかし日本の古代史研究者のほとんどは倭王武＝雄略天皇（在位456-479）とし、『南斉書』と『梁書』の記事を無視するか黙視しています。

　ところで日本で最初に倭の五王「讃・珍・済・興・武」のことを問題にしたのは江戸の寛永から元禄にかけて活躍した松下見林（1637-1703）です。松下見林は元禄5年（1692）に『異称日本人伝』を出版し、讃を『日本書紀』の履中天皇、珍を反正天皇、済を允恭天皇、興を安康とします。松下見林はさらに5番目の武を雄略天皇としています。

　日本古代史学界の長老であり、京都大学名誉教授の上田正昭（1927-2016）

倭の五王の遣使年表

413年	東晋	安帝	義熙9	倭国方物を献ず（晋書）、安帝の時、倭王讃在り（梁書）
421年	宋	武帝	永初2	倭王讃朝貢し除授を賜う
425年	宋	文帝	元嘉2	倭王讃、司馬曹達を遣わして貢献（宋書）
430年	宋	文帝	元嘉7	倭王讃、宋に使いを遣わして方物を献ず（宋書）
438年	宋	文帝	元嘉15	倭王讃、倭王讃死し、弟珍立つ。珍、遣使貢献す。珍を安東将軍倭国王とす（宋書）
443年	宋	文帝	元嘉20	倭国王済、遣使貢献す。済を安東将軍となす（宋書）
451年	宋	文帝	元嘉28	倭国王済に使持節都督倭・新羅・任那・加羅・秦韓・慕韓6国諸軍事を加う（宋書）
460年	宋	孝武帝	大明4	倭国使いを遣わして、方物を献ず（宋書）
462年	宋	孝武帝	大明6	倭国王済死す。世子興、遣使貢献す。興を安東将軍倭王とす（宋書）
477年	宋	順帝	昇明1	倭国王遣使、方物を献ず（宋書）
478年	宋	順帝	昇明2	倭国王興死し、弟武立つ。武遣わして方物を献じて上表す。武を使持節都督倭・新羅・任那・加羅・秦韓・慕韓6国諸軍事安東大将軍倭王となす（宋書）
479年	斉	高帝	建元1	倭王武を鎮東大将軍とす（南斉書）
502年	梁	武帝	天監1	倭王武を征東将軍とす（梁書）

が『私の日本古代史』（新潮社、2013年）で「讃は履中、珍は反正、済は允恭、興は安康、武は雄略の各大王に比定することができる」と明言しているくらいですから、松下見林の先見力は驚くべきと言うこともできます。逆に松下見林の時代から日本の古代史の解釈はほとんど変わっていません。

『古事記伝』で著名な本居宣長は（1730-1801）は『馭戎概言（ぎょじゅうがいげん）』に「宋に使いを出して貢物を献上したのは、九州地方の豪族たちが倭王の名をかたって勝手にしたことで、日本の天皇が外国に朝貢して官職や位を授けられるといったことがあるはずがない」と書きました。

しかし宣長の説は異例で、江戸時代以来、倭の五王の比定は讃が応神か仁徳あるいは履中、珍は反正か仁徳、済は允恭、興は安康、武が雄略とするのが通説でした。天皇の和風諡号から倭の五王を特定する手法に異議を申し立てたのは奥野正男（1931-、『騎馬民族の来た道』）や古田武彦（1926-2015。『「邪馬台国」はなかった』）です。

第3章　七支刀銘文の倭王「旨」はだれか

　奥野正男は倭の五王の続柄から「讃・珍」系と「済・興・武」系の2系があるとし、5世紀前半代の「讃・珍」系の勢力の本拠地を九州北部（肥前・筑前・肥後・豊前）としました。

　しかし奥野正男や古田武彦より以前に水野祐は、讃は仁徳、珍は反正、済は允恭、世子興は木梨軽皇子、武は雄略として、伝仁徳陵や伝応神陵を古墳時代中期（5世紀初頭）の代表的な前方後円墳と考えました。水野祐は応神天皇を女王国を倒した狗奴国の王とし、仁徳をその応神の狗奴国を継承して九州から摂津難波に遷都した仁徳王朝の始祖王としました（『日本古代の国家形成』、講談社現代新書）。

　日本古代史に旋風を巻き起こした古田武彦は倭の五王は「九州王朝」の王であると主張しました（『「邪馬台国」はなかった』朝日新聞社、1972年）。さらに古田武彦は七支刀を百済からもらった倭王旨こそ、3世紀前半の「壱与＝倭与」と4世紀末から5世紀初頭の「倭讃」との中間に在位した倭王にほかならないとしました。

　そして百済王が倭国に友誼を求めたのは、近畿地方の天皇家ではなく、九州の卑弥呼・壱与を継承する王朝であると唱えたのです（『失われた九州王朝』、朝日新聞社）。しかしこの古田武彦の説が間違っていることが、当時東京大学助教授武田幸男が発表した「平西将軍・倭隋の解釈」と題する論文で明らかになりました。

　武田幸男は「平西将軍が示す西の方位は、倭国王の所居を基点としたものである。それゆえ倭隋は倭国王の僚属なのである。この将軍号の方位と倭国全体の方位とあわせて考えてみると、最近しきりに主張されている倭国の都が北九州にあったという新説は成り立たず、これまでどおり畿内にあったと見るべき」と古田説を批判しました（「朝鮮学報」77号、1975年）。

　なお、直近の本では『倭の五王』（河内春人、中公新書、2018・1）が『宋書』倭国伝や『三国史記』など中国・朝鮮の文献や考古学資料をよく整理して分析していますが、相も変わらず雄略天皇＝ワカタケル大王（稲荷山鉄剣銘文）の通説に陥っています。したがって倭の五王の一人、日本古代史上最大のキーパーソンの正体をつかめていません。倭王武＝昆支王＝日十大王（隅田八幡鏡銘文）については第5章で詳述します。

2 石上神宮の七支刀銘文を解読する

　次に加羅系集団の始祖王崇神（ミマキイリヒコイニエ、御間城入彦五十瓊殖（いそしき））が奈良県天理市石上神宮の七支刀銘文の「旨」と同一人物であることを説明します。奈良県天理市石上神宮には神宝として長い間伝えられてきた七支刀（七枝刀）があります。『日本書紀』神功皇后52年（252）9月条に次のように書かれています。

　　五二年秋九月、久氐（くてい）（百済の高官）等が、千熊長彦（ちくまながひこ）に従って来朝した。その時に、七枝刀（ななつさやのたち）一振・七子鏡（ななこのかがみ）一面をはじめ種々の重宝を献上した。

　「神功皇后52年」とは、神功皇后が夫の仲哀天皇が亡くなった後に摂政として統治して52年目という意味です。ちょうどこの年は西暦252年、干支は壬申です。『日本書紀』「神功紀」46年条に「時の百済王は肖古王である」と書かれています。

　しかし『日本書紀』訳者の頭註（校註）は、肖古王について「百済第13代の近肖古王（在位346-375）のこと。第5代肖古王（在位166-214）もみえるが、書紀の干支を二運下げた年代でみると近肖古王にあたる」としています。

　訳者頭注はなぜ干支2運を下げるのかその理由は述べていませんが、「神功紀52年」の記事を干支2運120年繰り下げると372年となり、百済近肖古王（在位346-375）の治世に入り、七支刀は369年に造られ、3年後の372年に倭王旨（七支刀銘文、後述）に献上されたことがわかります。

　であれば360年から370年代の歴史的事実が邪馬台国の女王卑弥呼の250年代に挿入されていることになります。このような作為は架空の神功皇后を卑弥呼とするためとしか考えられません。

　『三国史記』によれば346年に比流王から王位をついだ近肖古王は、当時高句麗との抗争の最中にありました。近肖古王は369年高句麗兵を急襲して5000の首級をあげ、371年には太子近仇首王（貴須）とともに高句麗を攻め、

第3章 七支刀銘文の倭王「旨」はだれか

故国原王(在位331-371)を戦死させています。そして372年1月には東晋に朝貢し、6月には鎮東将軍・楽浪太守に封ぜられます。

ところで七支刀に記銘された年号は中国の古い文献と照合することができます。石上神宮の大宮司であった菅政友(1824-97)は、『大日本史』の編纂にも従事した水戸史学を身につけた史学者であり国文学者です。

当時、石上神宮の神宝は「六叉の鉾」と呼ばれていましたが、明治6年(1873)、菅政友が剣の両面にわずかに光る金象嵌に気づいたことが契機となり、七支刀銘文の研究が始まりました。

七支刀は全長74cm、左右交互に各3の分枝をもつ特異な形をしています。国学者であった菅政友は「神功紀」の七枝刀のことは知っていたにちがいありません。この奇妙な形をした剣には、次のような漢字が表に34字、裏に27字刻まれていますが、多くの学者たちによる論争と研鑽を経て、現在、次のように読解されています。

七支刀

(表) 泰□四年五月十六日丙午正陽造百練鋳七支刀出辟百兵宜供供侯王□□□□作
(泰和四年〈三六九年〉五月一六日丙午の日の正午に、百度も鍛えた鋳の七支刀を造りました。この刀によって、あらゆる種類の兵器による被害を避けることができるでしょう。この刀は、うやうやしい侯王にふさわしいものです。□□□□作)

(裏) 先世以来未有此刀百済王生□奇生聖音故為倭王旨造伝不□生
(先世以来、まだこのような立派な刀はありません。百済王の世子奇生聖音は、わざわざ倭王旨の為にこの刀を造りました。永く後世まで伝示されることを希望します)

表と裏の銘文を要約すると、「泰和4年(369)、百済王の太子奇生聖音が

51

倭王旨のために七支刀を造った。この世にも珍しい刀を献上するので末永く保存して欲しい」という意味になります。この金石文は「だれが、いつ、どこで、なぜ、なんのために、どうしたのか」（5W1H）を完璧に伝えています。

　銘文冒頭の「泰和4年」は東晋の太和4年（369）にあたります。東晋というのは南朝宋の前の王朝西晋の将軍司馬睿が317年建鄴（建康、後の南京）に都を開いたときにできた王朝です。司馬睿は307年、安東将軍都督揚州江南諸軍事として建鄴に任命されますが、長安の愍帝がクーデタで王位を失墜したことを知って、晋王を称してそのまま建鄴に居着きました。

　しかし東晋は420年宋に滅ぼされます。369年当時の百済王は近肖古王です。世子は近肖古王の次に王となった近仇首（貴須、在位375-384）です。「世子」とは皇太子のことで後継者をさしています。「聖音」は古代朝鮮語で王子セシムを意味し、銘文の奇生聖音と太子近仇首は同一人物です。

　『三国史記』によると360年から370年前後にかけて百済と高句麗は互いに激しい侵略を繰り返していました。近仇首は父の近肖古王と共に対高句麗戦に参加しています。とくに369年という年は高句麗が百済を攻め、逆に百済に攻めかえされています。

　いっぽう隣国の中国は、南の東晋に対して北は前秦と前燕が互いに激しい攻防を繰りかえします。当時、中国・朝鮮とその周辺諸国は史上まれにみる五胡十六国時代の真っ只中です。倭国だけその影響から免れていたとはとても考えられません。ちなみに『日本書紀』では当時倭国の天皇は仁徳です。

　七支刀が百済の太子から倭王旨に贈られた369年前後の高句麗・百済・新羅は、互いに侵略し、侵略されるというまさに三つ巴の関係にありました。倭国も朝鮮三国の対立攻防に無縁でありえません。

4世紀後半～5世紀の朝鮮と中国

西暦	朝　　鮮				中　　国	
	三韓				五胡十六国	東晋
340年	加羅（倭国と連合王国を構成）	百済	新羅	高句麗		
400						
					386	420
450					439	宋
					北魏	479
500						齊 502
						梁

第3章　七支刀銘文の倭王「旨」はだれか

　高句麗は中国の侵略に対し、百済は高句麗の侵略に対して、倭は高句麗と中国に対して百済と協力しかつ自国の防衛を図らなければならなかったのです。

　七支刀銘文は当時の高句麗と百済と倭国との関係を見事に語っています。七支刀を贈った百済の王と太子は近肖古王と近仇首（貴須）であることはすでに明らかになっています。しかし七支刀を贈られた主、倭王旨とはいったいだれなのでしょうか。

　「記紀」（『日本書紀』と『古事記』）に一切「旨」の名をもつ天皇は見つかりません。しかも 360 年から 370 年前後に該当する『日本書紀』のなかの天皇といえば第 16 代の仁徳天皇（在位 313-399）です。このことも七支刀銘文の「旨」の正体を明らかにする致命的な障害となりました。

　東洋史学に大きな業績を残した宮崎市定は、銘文の表面に工作者の名前が刻まれているはずがないと考え、七支刀銘文「□□□□作」の「作」を「祥」の字と見て、□の 4 字に「永年大吉」を当てはめて「永年大吉祥」とします。

　しかし次のような銘文解読は将来に禍根を残す勇み足となります。宮崎市定（1901-1995）は銘文裏面の「旨」を「嘗」の略字体と考え、「旨造」を「こころみに造る」と解釈します。宮崎市定はこの銘文で最も重要な部分、「故為倭王旨造」を「倭王の為に嘗（はじめて）造った」と訳したのです。

　このため銘文の主人公倭王「旨」はどこかに消えてしまいました。そして宮崎市定は七支刀冒頭の「泰和 4 年」（369）を「泰始 4 年」（468）と解釈します。「泰和」は「泰始」とも読めるからです。468 年というと倭国では雄略天皇（在位 456-479）の時代にあたり、宋の明帝（在位 494-98）の時代です。

　ちなみに『私の日本古代史』（上・下、新潮社、2012 年）の著者にして日本古代史の解明に大きな業績を残した上田正昭（1927-2016）は七支刀の銘文について「泰和 4 年」の泰和（年号）を東晋の太（泰）倭四年（369）を妥当とし、百済王は近肖古王、その世子を後の近仇首王としています。

　しかし上田正昭は七支刀を受け取った人物を倭王としながらその実名を明らかにしていません。というのは当時の倭王は仁徳天皇ですが、86 年間も在位した仁徳天皇の事績・物語には七支刀に関する一切の手がかりがないからです。しかも倭の五王「讃・珍・済・興・武」について上田氏は讃が履中、珍は反正、済は允恭、興は安康、武を雄略としています。

3 だれが三角縁神獣鏡を作ったか

　三角神獣鏡は九州・四国・中国・近畿・中部・東海・関東・北陸・東北地方など、おおよそ全国の前期前方後円墳から出土しています。その数約500枚を超すと言われています。では三角縁神獣鏡はどんな鏡で、いつ、どこで、だれが、何のためにつくったのでしょうか。歴史研究者や考古学者の意見はさまざまに対立していますので、ここで改めて整理してお伝えします。

　三角縁神獣鏡は縁の断面が三角形をしている神仙像と霊獣の文様をもつ面径が平均20cm程度の鏡です。魔除けの呪具ともいわれ、その出現の時期や用途が明らかになっていません。

　三角縁神獣鏡のなかには景初元年（239）とか正始元年（240）など卑弥呼の時代にあてはまる年号をもつ鏡が数枚あり、また「東王父西王母」という仙人の名が刻まれたものも少なくありません。それでは三角縁神獣鏡はいつから日本（倭国）に出現するようになったのでしょうか。

　昭和28年（1953）、木津川右岸の椿井大塚山古墳（京都府相楽郡高麗村）から32面の三角縁神獣鏡が出土しました。当時、京都大学の発掘担当者の小林行雄（1911-1989）がそれらの鏡を卑弥呼が魏の皇帝からもらった銅鏡100枚であると発表しました。その説は考古学界の通説となり、かつまた邪馬台国畿内説の有力な根拠となりました。

三角神獣鏡

現在まで三角縁神獣鏡のほとんどは前期前方後円墳から出土していますが、出土した古墳の年代は380年代をさかのぼることはありません。卑弥呼が魏の皇帝から鏡をもらったのは正始元年（240）ですから、仮に三角縁神獣鏡は卑弥呼がもらった鏡であるとすれば鏡は150年経ってから副葬されたことになります。その間、伝世したという説もありますが納得がいく合理的な説明はなされていません。

1997年（平成9）、椿井大塚山古墳の南方23kmの黒塚古墳（天理市柳本本町）から一度に30面の三角縁神獣鏡が出土しました。しかし400年から410年の築造とみられる黒塚古墳より少し古い370年代築造のホケノ山古墳から三角縁神獣鏡は出土していません。したがって三角縁神獣鏡の製作が始まったのは380年以降と考えられます。

ホケノ山古墳は箸墓古墳の東側近くの奈良県桜井市大字箸中字ホケノ山の纏向型(まきむく)といわれるホタテ貝型の前方後円墳です。箸墓古墳の被葬者崇神が死んだのは378年（干支は戊寅年）と特定している石渡信一郎は、三角縁神獣鏡の製作を開始したのは崇神の子垂仁と推定しています。

百済とほぼ同じころ成立した崇神王朝は東晋の冊封(さくほう)を受けることによって自分の王権の安定・強化を図ったのでしょう。崇神の子垂仁は東晋に対して卑弥呼の邪馬台国の後身になりすますために偽の魏鏡を製作することにしたのでしょう。

4 覇権国中国と高句麗・百済・倭国の関係

卑弥呼が魏と冊封関係を結んだのは238年です。しかし魏は262年に滅び、司馬炎の西晋（265-316）が立ちますが、266年倭の女王台与（卑弥呼の宗女）が西晋に朝献しています。しかし台与の朝貢以降、高句麗などの諸国とともに倭国が方物（特産物）を献じたことを伝える『晋書』安帝王紀（413年）の記事まで倭国は中国の歴史から姿を消しています。市販の年表ではこの期間は「空白の147年」と呼ばれています。

倭の女王台与から朝貢をうけた西晋も北方騎馬民族の五胡（匈奴・鮮卑・羯・氐・羌）の侵入を受け、316年西晋の愍帝(びんてい)が匈奴の劉聡に降伏し、西晋

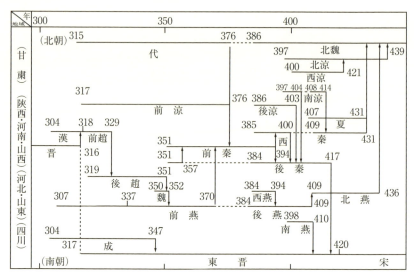

五胡十六国時代王朝興亡（西晋が滅んだ316年から北魏が華北を統一する439年まで。平凡社『アジア歴史事典』より）

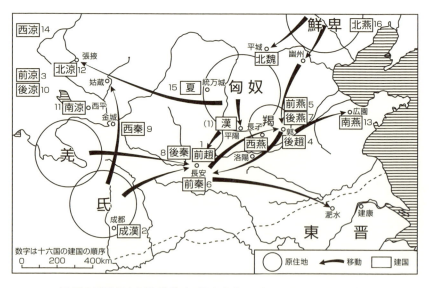

五胡の諸政権と民族移動（田村実造『中国史上の民族移動』より）

は滅亡します。そして生き残った西晋の王族の一人司馬睿が江南に逃れて、317年建康（南京）で晋朝を再興します。これが東晋（317-420）です。しかし439年北魏が華北を統一するまで華北は五胡十六国の時代が続きます。

一方、朝鮮半島では高句麗の美川王が313年楽浪郡、翌314年に帯方郡を滅ぼします。このことで朝鮮三国（高句麗・百済・新羅）の国家建設の機運が高まります。高句麗は330年羯族の石勒（在位319-319）によって建てられた後趙に朝貢し、336年南の東晋にも朝貢します。

338年高句麗は後趙と呼応して西方の鮮卑族慕容皝の前燕（337-370）を攻撃しようとしますが、逆に攻撃され前燕に屈服します。343年高句麗の故国原王（在位331-391）は東晋に使者を派遣し、355年には前燕とも冊封関係を結びます。

しかし370年前燕は前秦に滅ぼされ、高句麗は北の前燕の圧迫から解放されます。前秦（351-394、苻建→苻生→苻堅）は氐族（チベット系）によって建てられた国ですが、秦を滅ぼして起こった西秦と後秦があるために前秦と呼んで区別されています。

前秦の3代目の王苻堅は383年南北統一を目指して、総勢百万の兵をもって東晋を攻めます。この戦争は淝水の戦いとして有名ですが、前秦の敗北に終わり、前秦の王苻堅は鮮卑族の王慕容垂に救われてかろうじて命だけは助かります。高句麗はこの前秦に377年と382年の2度にわたって朝貢しています。

一方、372年に東晋に朝貢した百済王余句（近肖古王、在位346-375）は鎮東将軍・楽浪太守に任じられています。百済は386年にも東晋に朝貢し、百済王余暉（近仇首か）は使持節・都督諸軍事・鎮東将軍・百済王に任じられます。百済王につく「余」は百済王族が騎馬民族ツングース系の扶余族の出自であることを示しています。

ちなみに高句麗は前秦から、百済は東晋から仏教を取り入れています。前者は372年、後者は384年のことです。西域の亀茲国出身の仏教経典の翻訳者として知られる鳩摩羅什（344-413）は五胡十六国時代の典型的な仏教僧です。

前秦王苻堅は亀茲国を攻めて鳩摩羅什を自国の仏教僧としました。のち鳩

摩羅什は秦王姚興(ちょうこう)に国師として迎えられ訳経に従事します。このように侵略と殺戮に明け暮れる五胡の王たちにとって仏教は必要欠くことのできない宗教であったのです。

　以上の五胡十六国時代の歴史的背景から、中国の南と北の覇権国に高句麗・百済がどのように対応したかは一目瞭然です。倭国のみ五胡十六国の動乱に無縁であるはずはありません。372年百済が東晋と冊封関係を結んだことを知った倭国の崇神＝旨は自らも東晋との冊封関係を結ぶことによって倭国の安全と強化を図ります。

　そこで崇神王朝は東晋に対し邪馬台国の後身になりすますために贋の魏鏡を製作します。そのために崇神王朝は卑弥呼が魏からもらった「銅鏡百枚」に見せかけるために三角縁神獣鏡を作らせ、日本列島の加羅系王国の首長たちに分与します。卑弥呼と諸小国の首長が鏡を好んだからです。

　前期前方後円墳から多数の鏡が出土するのはこのためです。また崇神王朝が鏡・玉・武器をセットにして副葬するという北部九州の慣習を踏襲しているのは邪馬台国の後継者になりすますためです。

「銅鏡百枚」をふくむ品々を与えたという『魏志』倭人伝景初2年の記事の中に「真珠・鉛丹各々五十斤を賜い、皆装封して難升米・牛利に付す。還り到らば録受し、悉(ことごと)く以て汝が国中の人に示し、国家汝を哀れむを知らしむべし。故に鄭重に汝に好物を賜うなり」と書かれていることからも明らかです。

『日本書紀』が倭の五王が宋に朝貢したことを隠しているのは、5世紀における王朝の交替という重大な史実を隠すためです。崇神王朝の系譜を書き換え、崇神の本名の「旨」を隠して、崇神の在位年代を紀元前1世紀に繰り上げてしまったのです。

　ちなみに崇神王朝とは崇神＋垂仁と倭の五王「讚・珍・済・興・武」の7人の王を指して言います。しかし実際は倭武が東加羅大王（日十大王）として491年に百済系ヤマト王朝を開始しているので倭王興までを指しています。次は倭国崇神王朝時代と対応する高句麗を検証することにします。

第4章　好太王碑文の「倭」

1　高句麗王談徳こと広開土王

　好太王（広開土王）（在位391-412）は高句麗第19代の王です。その王の業績を記念する好太王碑は中国最後の統一王朝清国（1644-1912）を建国したヌルハチら女真族の郷土中国吉林省集安の近くを流れる鴨緑江右岸にあります。標高2744mの白頭山を源流とする鴨緑江は今の中華人民共和国（中国）の東北部と朝鮮民主人民共和国（北朝鮮）との国境をなす大河です。

　現中華人民共和国吉林省通化地級市集安市大碑村にある好太王碑は2004年「古代高句麗王国の首都と古墳群」としてユネスコの世界文化遺産に指定されます。事実、市内と郊外には将軍塚・好太王碑・太王碑・国内城・丸都城・洞溝古墳群など4世紀中葉から5世紀初頭の封土型と積石型の大小の古墳があわせて約7000基あると推定されています。

　集安市は吉林省の南東部に位置し、東南は鴨緑江を隔てて北朝鮮、北は通化市および白山市と接します。したがって集安市を訪れるには梅集線を利用します。梅集線は通化市の北東の吉林省梅河口市から集安市を結ぶ中国国鉄瀋陽鉄路局に属する全長は245kmの鉄道路線です。また梅集線は集安を経由して朝鮮半島へ通じる主要路線の一つで、鴨緑江にかかる鉄橋を介し北朝鮮の満浦駅と接続しています。

　1945年8月の日本敗戦当時、交通の要所である通化市には1万7000人の日本人居留民と、10万人以上の避難民（中国人・朝鮮人・日本人）がいましたが、武装解除された元日本兵は次々とシベリアへ送られ、残留した居留民の多くが女性や老人が困窮を極めました。

　当時、八路軍（中国共産党）の捕虜となった日本兵T氏よる国民党と八路軍の激戦地集安で当時の好太王碑に間近に接した話が好太王碑研究家の故藤田友治著『好太王碑論争の解明』に収録されています。

4・5世紀の朝鮮半島

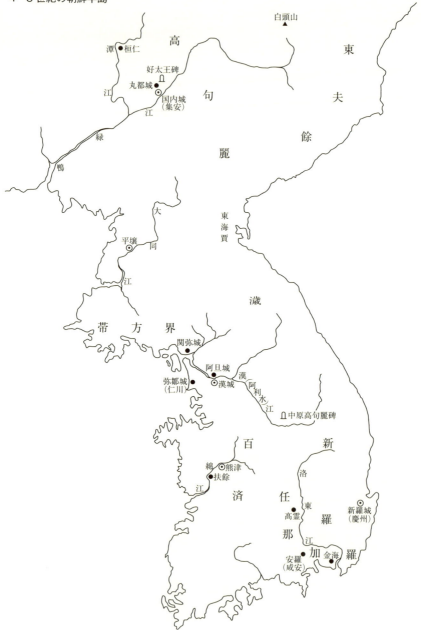

第4章 好太王碑文の「倭」

　好太王は遠征の最中の412年38歳で亡くなります。2年後の414年に息子の長寿王が父の栄光をたたえて建立したのが好太王碑です。一枚岩で造られた好太王碑の4面には、合計44行、1775文字によって高句麗初代の王朱蒙(東明王)の開国の伝承や好太王の業績や好太王の墓を守る「守墓人烟戸」の規定が記されています。

　『三国史記』によると好太王は故国壌王3年(386)に太子となり、9年(392)に父王の跡をついで即位します。好太王は諱を談徳といい、永楽大王と号し、広開土王とも呼ばれましたが、碑文には「国岡上広開土境平安好太王」と刻まれています。諱は生前の名前で諡号は死後に贈られる称号です。

　好太王碑の釈読者武田幸男によれば「国岡上」は陵墓所在地であり、次のようなことがわかるといいます。第10代山上王から第15代美川王(在位300-331)までの6王の諡号は必ずといって「山」「川」の字を含むが、これらは集安平野を流れる川や、平野内や周辺の小山など自然景観から名づけられた埋葬地をさしています。

　対して故国原王(在位331-371)から好太王までのうち3王は「国」の字が入っています。これら王はみな「国」の字を含む地名の場所に葬られたからです。そして国原・国壌・国岡の原・壌・岡が川(内)そのもの、すなわち「国内」と呼ばれています。

　『三国史記』故国原王12年(342)条に「丸都城を修理し、国内城を築いた」と書かれているのはその具体的実例です。しかし好太王の子長寿王が王都を平壌に移した427年から「国」が「故国」にかわったのです。

　ところで朝鮮三国(高句麗・百済・新羅)の正史ともいわれる『三国史記』高句麗本紀は、碑文の諡号好太王に対して広開土王としていますが、本書では好太王と呼ぶことにします。ま

好太王碑の東北に築かれた将軍塚

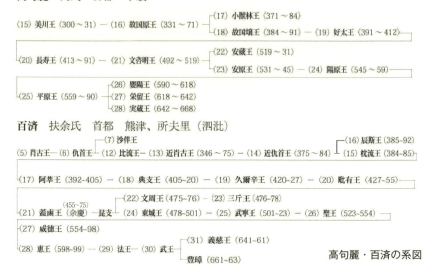

高句麗・百済の系図

た『三国史記』に長寿王の王碑建立については書かれていません。これはおそらく次のような理由によるものでしょう。

　高句麗は 668 年唐・新羅連合軍に滅ぼされます。『三国史記』が高麗(こうらい)（918-1392）の 17 代仁宗の命を受けた金富軾(きんふしょく)らによって編纂された鮮半島に現存する最古の歴史書です。編者の金富軾らが朝鮮三国を統一した新羅の英雄金庾信(しん)（593?-673）の末裔であることを考慮に入れると、好太王の業績を記念した広開土王碑の運命も推して知るべきです。

2　碑文は改竄されなかった

　好太王碑が一躍注目されたのは、明治 17 年（1884）秋に日本の陸軍参謀本部から派遣された酒匂景信(さかわかげのぶ)という軍人が碑文の写しを持ち帰ってからです。参謀本部に派遣された軍人が好太王碑文の拓本を持ち帰るのも奇妙な話ですが、それよりも酒匂景信大尉が碑文そのものを改竄したというのですから、学界はもちろん世間を仰天させました。好太王碑文を浮き彫りにしたのは在日の朝鮮人研究者李進熙です。

第4章　好太王碑文の「倭」

　1929年朝鮮慶尚南道に生まれた李進熙は日本の明治大学で考古学を学びました。それまでの日本の古代史は相も変わらず「記紀」にもとづく4世紀後半の「朝鮮出兵と任那日本府」を前提としていました。好太王碑が考古学上の決定的な金石文であることも「任那日本府」説に一役かっていました。
　この「任那日本府」に対して李進熙はその存在を根底から見直そうと考えます。任那（朝鮮半島南部の小国。任那加羅とも）は李進熙にとって生れ故郷です。1972年5月李進熙は「広開土王陵碑文の謎」を雑誌『思想』に発表します。

　　陸軍参謀本部の密偵酒匂景信は一八八四年に碑文の一部を削り取るかまたは不明確な箇所に石灰を塗布し改竄したのち、双鉤加墨本(そうこうかぼくぼん)を作り持ちかえり、さらに酒匂の偽造を隠蔽・補強するためさらに一八八九年（明治二二）から一九〇〇年（明治三三）ごろにかけて参謀本部は碑の全面に石灰を塗布した。

好太王碑文のなかでのちに研究者の間でもっとも問題になったのは次に引用した部分の「倭以辛卯年来渡□破百残□□□（新）羅以為臣民」という箇所です。

　　百残新羅旧是属民由来朝貢而倭以辛卯年来渡□破百残□□□（新）羅以為臣民
　　〈訳〉新羅・百残（百済）は（高句麗の）属民であり朝貢していた。しかるに倭が辛卯年（三九一）に海を渡って来て百残・新羅を破り、臣民となした。

　酒匂景信が拓本を持ち帰った6年後の明治22年6月、陸軍参謀本部編纂課は『會餘録』第5集として碑文の写真と釈文をのせて出版しました。もちろん刊行されるまで漢学者、歴史家をあつめて碑文の解読・解釈が行われたのは言うまでもありません。当時、内務大臣は山県有朋(やまがたありとも)（1838-1922）、陸軍大臣は大山巖(おおやまいわお)（1842-1916）ですが、大山巖は参謀総長を兼務しました。

63

『會餘録』が刊行された2年後に菅政友が「高麗好太王碑銘考」を『史学会雑誌』に発表すると、その2年後の1893年（明治26）に那珂通世が「高句麗古碑考」を『史学雑誌』に発表します。そして1898年（明治31）に三宅米吉（1860-1920）は「酒匂雙鉤本」をベースに「高麗古碑考」を発表しました。雙鉤とは碑面に薄紙をのせて文字の輪郭を写しとる方法です。

菅政友も那珂通世も三宅米吉もおそらく陸軍参謀本部編纂課が主催する「碑文研究会議」に出席したにちがいありません。ところが発表された内容からは当の研究対象である碑文が、いつ誰によって発見され、誰が日本に持ってきたのか曖昧模糊としていました。

というのは菅政友は「去ル明治一五、六年ノ頃ニヤ、掘リ出シタルナリトカ」「此ハ明治一七年、某氏清国ニ赴ケル途ノ序デニ、ソノ地ニ至リ、拓本ヲ携ヘ帰リシナリトゾ」と書き、2年後に那珂通世が菅政友の「某氏」を「皇国人某氏」に変えただけでした。明治31年の三宅米吉の論文で、ようやく碑文を持ち帰った人物が「陸軍砲兵大尉酒匂氏」であることが明らかになったのです。

3 「倭」の解釈をめぐる論争

1775字からなる碑文の内容は、倭・百済（百残）・新羅・安羅・東夫予・任那加羅などとの交渉、戦争の記録です。これらの国や民族の中で「倭」の登場回数が一番多いと言えます。倭との関係の中でもっとも有名な個所は、「百残新羅旧是属民由来朝貢而倭以辛卯年来渡□破百残□□□（新）羅以為臣民」です。

この箇所の干支「辛卯」は好太王と倭との対応からいえば、倭王は仁徳天皇79年（391）に当たります。好太王碑文に記された倭国と高句麗の戦争は次のような内容です。

　　三九一年ごろから倭国軍は海を渡って新羅と百済を破って両国を支配下においたので、高句麗は百済を襲い、百済に奴客の誓いをたてさせた。しかし三九九年、百済は約束を反故にして倭国と同盟を結んで高句麗に

敵対したばかりか、倭国と連合して新羅を襲った。
　新羅が高句麗に救援を依頼したので、高句麗は新羅を占領している倭軍を撃破して倭軍が根拠地としている任那加羅の従抜城を陥落させた。ちょうど永楽一〇年（西暦四〇〇年）である。四〇四年にも倭軍は百済軍とともに帯方地方に侵入したが、高句麗軍は撃退した。

　好太王碑文論争は改竄説・非改竄説をふくめて「倭」の解釈を根底にしています。倭の解釈は大きくわけてヤマト王権とみる説と九州地方の勢力とみる説です。すなわち「記紀」の記述を信じる大和中心史観＝皇国史観派に対して、王健群、金錫亨（きんそっきょん）、古田武彦らは「筑紫地方の倭人海賊集団」「九州王朝説」派です。
　『日本書紀』にもとづくと、高句麗好太王（391-412）に対応する日本の天皇は仁徳天皇（在位 313-399）＋履中天皇（在位 400-405）＋反正天皇（在位 406-410）です。しかし仁徳天皇79年（391、辛卯年）から反正天皇5年（410、庚戌）まで高句麗との戦争記事はもちろん対外関係の記事は皆無です。仁徳から武烈までの10人の天皇不在説（架空説）が出る所以（ゆえん）です。
　ところで、当時、崇神王朝＝三輪王朝、応神・仁徳王朝＝河内王朝、継体王朝＝近江王朝の「三王朝交替説」を唱えた早稲田大学教授（当時）の水野祐（ゆう）（1918-2000）は、次のような仮説を発表します。

　　『古事記』に見える応神の崩年干支は甲午年で三九四年と見られるから、その実在位年代は三五〇年代から三九四年である。そこで、仲哀と戦った九州国家の狗奴国王（くなこく）はこの応神と見られる。「神功紀」にみえるカゴサカ王・オシクマ王が応神と神功皇后の大和入りをはばんだという話は、応神の九州国家よる大和討伐を伝説化したものであろう。応神は原大和国家を滅ぼした後も九州にとどまっていたが、つぎの仁徳の時代になって九州を去り、摂津難波高津宮に遷都した。応神陵は仁徳が灘波に遷都してから、父王応神のために造営したものである。

　水野祐の「応神の没年干支は甲午年で394年と見る」説は仁徳天皇の『古

事記』崩御年丁卯(ていぼう)から427年を、応神天皇の崩御年甲午から394年をそれぞれ導きだしています。すると次の仁徳即位は395年で在位は427年（干支は丁卯）までの33年間となります。

『古事記』に天皇の崩御年（干支）が記録されているのは、神武から推古天皇までの33人のうち15人の天皇です。これらの崩御年と『日本書紀』の崩御年とは一致していないばかりか当然西暦も合いません。一致しているのは安閑天皇から推古天皇までの4人だけです。

右に『古事記』に記載されている15人と『日本書紀』との対比表を挙げますのでご覧ください。

しかし水野祐の仁徳の『古事記』没年は他にもある丁卯から好太王に合せるために任意に選んだ干支です。水野祐は次のように説明しています。

『古事記』と『日本書紀』の没年の対比表

	『古事記』	『日本書紀』
崇神（10代）	戊寅（318）	辛卯（BC30）
※成務（13代）	乙卯（355）	庚午（190）
※仲哀（14代）	壬戌（363）	庚辰（200）
応神（15代）	甲午（394）	庚午（310）
仁徳（16代）	丁卯（427）	己亥（399）
履中（17代）	壬申（432）	乙巳（405）
反正（18代）	丁丑（437）	辛亥（411）
允恭（19代）	甲午（454）	癸巳（453）
雄略（21代）	己巳（489）	己未（479）
継体（26代）	丁未（527）	辛亥（531）
安閑（27代）	乙卯（535）	乙卯（535）
敏達（30代）	甲辰（584）	乙巳（585）
用明（31代）	丁未（585）	丁未（587）
崇峻（32代）	壬子（592）	壬子（592）
推古（33代）	戊子（628）	戊子（628）

　　応神天皇が崩じたのは、三九八年、つまり好太王即位の三年後であり、わが国が朝鮮に出兵して百済・加羅・新羅を臣従せしめていたときのことである。そして応神天皇崩御後、仁徳天皇が即位されたとすると、その元年は三九五年となり、翌年には好太王が百済征伐の軍をおこしている。

　　それに応じて仁徳天皇は即位五年、新羅国境に派兵し、翌年には高句麗の歩騎五万の大軍と交戦し、一敗地にまみれ、南鮮の南端まで追いおとされ、頽勢のたてなおしをはからなければならなかった。そして即位十年にはふたたび兵力をもりかえして、朝鮮中部の高句麗と激戦をくり広げたということになり、まことに仁徳天皇の初年は、好太王の出現によって対高句麗戦に翻弄されて、多事多難であった。

そういう時点で、仁徳天皇は東亜の大勢を察し、長い間の故地（九州）を離れて、遠く瀬戸内海の奥、難波への遷都を企てられたのである。

　このように水野祐は『古事記』記載の15人の天皇の崩御年からヒントを得て、それを修正して仁徳天皇を『宋書』「倭国伝」に記載されている実在の倭の五王「讃・珍・済・興・武」の讃とし、履中を弥（『宋書』「倭国伝」に欠名）とし、允恭を済とし、興を允恭と忍坂大中姫（おしさかのおおなかひめ）の長子木梨軽皇子とし、武を雄略天皇とします。

4　「記紀」依存の「三王朝交替説」と「九州王朝説」

　水野祐の考察は、『宋書』倭国伝に記載されている倭の五王の実在を認め、かつ「記紀」記載の仁徳以下履中・反正・允恭・雄略天皇の実在を認めるという矛盾をかかえることになります。倭の五王が実在するのであれば、10人の天皇はフィクションか架空でなければならないはずです。しかし水野祐説は良くも悪くも後学の研究者に与えた影響ははかりしれません。

　ちなみに直木孝次郎（当時、大阪市立大学名誉教授）は応神＝仁徳天皇説を提唱し、上田正昭（京都大学名誉教授）は2013年の暮れに出版した『私の古代史』（新潮社）で、倭の倭の五王「讃・珍・済・興・武」の讃を履中、済＝允恭、興＝安康、武＝雄略としています。したがって氏にとって稲荷山鉄剣銘文の獲加多支鹵大王＝雄略天皇説、辛亥年＝471年説は自明のことです。

　また「古代氏族の系譜」の研究でよく知られている溝口睦子は『アマテラスの誕生』（岩波新書）で好太王碑に関連して水野祐・井上光貞・上田正昭・直木幸次郎・岡田精司らの「倭王武＝雄略天皇説」を受け入れ、稲荷山鉄剣銘文を辛亥年（471）とし、獲加多支鹵大王＝雄略天皇としています。

　溝口睦子がアマテラス（日本土着の神）とアマテラスより先に成ったタカミムスヒ（北方ユーラシアの日神）における日本の国家神＝皇祖神の二重構造を指摘したことは評価できるにしても溝口睦子の「倭王武＝雄略天皇説」（「記紀」依存の通説）は受容できません。

水野祐は好太王の実在にあやかって仁徳以下天皇の実在を説明しようとしますが、自分がつくりあげたフィクションに依存せざるを得なかったのです。いずれにしても実在と不在を区別することができない苦肉の策ですが、水野祐が『日本書紀』にもとづく万世一系天皇のフィクションから抜け出ることができなかったのはいかんともしがたい事実です。
　「三王朝交替説」にもとづく水野祐説は従来の「記紀」の記述を信じる大和中心史観、いわゆる皇国史観を大幅に修正したものですが、好太王碑の「倭」が「筑紫地方の倭人海賊集団」や「九州王朝」とする王健群、金錫亨、古田武彦らを納得させることはできませんでした。
　「九州王朝説」を主張した古田武彦は、「記紀」に倭の五王の朝貢に関する記述がないのは、それは九州王朝の事績であるから大和朝廷に比定すること自体に無理があると考えました。古田武彦の「九州王朝説」は金錫亨の北九州地方に倭王国があったという説を発展させたものです。
　そして古田武彦は、『梁書』に梁の武帝が502年に倭武を征東将軍に任じたとあるが、通説では武を雄略天皇にしている。『日本書紀』によれば雄略の治世は456年から479年であり、その死後23年経ってしかも清寧・顕宗・仁賢・武烈天皇のあとに征東将軍に任命したのではつじつまがあわない」と、次のように指摘しています。

　　戦前の史学は"好太王碑文によって「三韓征伐」が裏づけられた"と考えた。そのいちじるしい明白な相違をかえりみずに。これに対して、戦後史学は"神功の新羅遠征説話は架空の説話であり、後世の造作だ。史実は好太王碑文の方にある"と考える。そして"両者の記述内容が合わないのは、「『記紀』の造作性」という津田の命題から見て、なんの不思議もない"——そう考えたのである。

　しかし「新旧二つの渡来集団によって建国された」とする石渡信一郎は、王健群の「筑紫地方の倭人海賊集団」も、古田武彦の「九州王朝説」にもとづく「倭」論も正しくないと考えました。
　たしかに崇神王朝は奈良の纒向に王都がありましたが、崇神は加羅から渡

来して纏向に王朝を建てた始祖王ですから大和中心説とは根本的に異なります。崇神の母国は南加羅ですから南加羅にも支配地があるのは当然のことです。

海賊説の王健群は「当時、日本は諸国に分立し、北九州の豪族は海賊行為を働き、海を渡って三韓に侵入した」と述べていますが、石渡信一郎は「豪族が海賊行為をすること十分ありうるので否定することはできないとしても、加羅系渡来王朝の成立過程を知るならば、高句麗と戦争した倭が一地方の豪族の海賊行為とみるのは説得性がない」と指摘しています。

石渡信一郎によれば、金錫享(きんそっきょん)や古田武彦の「九州王朝説」は古墳の実年代が通説に依拠しているので合理性がありません。金錫享や古田武彦は4世紀後半における大和の勢力と北部九州支配者の力関係の差を正確にみていないからです。

4世紀末から5世紀初めにかけて大和には箸墓古墳をはじめとする墳丘長が200m以上の巨大な前方後円墳がいくつも出現しますが、この時期、北部九州で100mを越す古墳は一つもないからです。当時、九州北部は崇神王家一族の支配地であったことは確かだとしても九州王朝であったことは一度もありません。

好太王碑に刻まれた「倭」は大和に都を置く加羅系統の崇神王朝です。好太王にとって、百済や新羅よりも大きな人口と領域を有していた倭国は最大の強敵です。高句麗が碑文に「倭国」ではなく、「倭賊」「倭寇」などと敵意をこめた書き方をしているのはそのためです。

古田武彦の展開した九州王朝説が正しくないことは、先の第3章1で述べた武田幸男の「宋王から諸国の王に与える方位の入った将軍号は、まさに建康（南京）から見た方位である」という指摘をもう一度見直してください。

第5章　隅田八幡鏡銘文の「日十大王」はだれか

1　「日十大王」はいかに読まれたか

いよいよもって日本古代史上最大のキーパーソンである崇神・垂仁＋倭の五王「讃・珍・済・興・武」の倭王「武」の正体についてお話いたします。崇神を始祖王とする加羅系渡来集団の倭王は倭王興までの6代です。7代目の倭王武（百済蓋鹵王の弟昆支王）は興の父済の娘仲姫に婿入りしますので、実際は倭王武にとって倭王済は義父にあたり、倭王興は義兄にあたります。

隅田八幡鏡

　これらの事を前提において7代目の倭王武が実は隅田(すだ)八幡神社の人物画像鏡銘文の「日十大王」であることをこれから説明いたします。

　隅田八幡神社に伝来した人物画像鏡は、現在上野の国立博物館考古展示室に国宝として常時展示されています。隅田八幡鏡の存在が広く世に知られるようになったのは大正3年（1914）9月、高橋健自（1871-1929）が考古学学会の例会で隅田八幡神社の鏡を紹介してからです。

　高橋健自はその講演内容を『考古学雑誌』（第5巻第2号）に発表しました。ちょうどそのころ高橋は帝室博物館（東京国立博物館）で学芸員として働き、そのかたわら『考古学雑誌』の編集発行に従事していました。また、「古墳の年代と鏡の様式」のことで喜田貞吉（1871-1939）と論争中でした。

　例会3ヵ月前の6月頃、高橋健自は大和五條町に住む小笹光典という人物

から同町に近い紀伊国伊都郡(いと)（和歌山県橋本市垂井）の隅田八幡宮に伝来した古鏡の拓本を贈られました。それには「神功皇后御将来」という社伝も書き添えてあります。

「御将来」とは神功皇后がもたらした品を意味します。鏡の背の内区には数名の人物がほどこされ、内区外周の銘帯部分は漢や六朝の鏡にあるような吉祥文句ではなく、「癸未年八月日(きび)」とか「何々宮」とかいう今まで見たことのない漢字らしき文字が一周しています。

その後、まもなく高橋は五條地方を旅行した奥田抱生(ほうせい)なる歴史家の知人に出会ったので鏡のことを尋ねます。現物を見たことのある奥田氏によると銘文の最初の文字は「癸未年八月日」と読むことができ、「意柴沙加宮(おしさかのみや)」と読むことができるというのです。

「意柴沙加(おしさか)」とは「忍坂」と表記され、『日本書紀』「神武記」などに出てくる奈良県桜井市にいまも残る忍坂(おっさか)という地名です。かくして高橋健自と二人の同行者は銘文を次のように読み下します。

　　　癸未の年の八月十六日に、王年□王という方が意柴沙加(おしさか)の宮に居られる時、斯麻念長(はるなかのあたい)と申すものが、開中費直と穢人の今州利と申す二人等をして、白い上等の銅即ち良質の白銅二百旱を以てこの鏡を作らせた。

高橋健自は東京に戻ってからこの鏡がいままで文献上取りあげられたことがあったかどうか調べてみました。すると吉田東伍（1864-1918）の『大日本地名辞書』の「紀伊伊都郡　隈田八幡宮」の項に次のように書かれています。

　　　隅田八幡宮は本郡の名祠なり、供僧を置き殿屋壮麗他の諸村に比す可らず。什宝古鏡一面あり、相伝へて神功皇后韓国より収め給うものと云う。其古鏡を観るに径五寸三分蒼然たる青緑の銅にて黄色を含む、縁薄く背面の紋奇工稠密にして文字すべて四九字あり古体にして読むべからず。

第5章　隅田八幡鏡銘文の「日十大王」はだれか

　高橋がさらに『紀伊国名所図会』を見ると、実物大の絵が載っています。さらに「大日本地名辞書」には「昔年筑前伊都郡三雲村にて土中より掘出しものと形状よく似たり、漢魏の古物なること自明なり」「本州古器之を最第一とす」と記しています〔筆者注：『紀伊国名所図会』は第11代徳川将軍家斉の文化8年（1811）、高市志友によって編纂開始。その後編は紀伊藩主10代治宝の指導のもと加納諸平・岩瀬広隆が編纂する〕。

　高橋は銘文の「癸未年」を『日本書紀』の年紀と『古事記』に記されている天皇崩御の干支から計算して西暦を割り出すことにします。高橋はこうして誰よりも早く隅田八幡鏡の「癸未年」を「三二三年」か「三八三年」のいずれかと特定するまでにいたったのです（「在銘最古日本鏡」『考古学雑誌』第5巻第2号、1941）。

岩瀬広隆の模写図

　ここで説明が複雑になりかえって読者の皆さんに迷惑をかけるといけませんので、1990年（平成2）に『応神陵の被葬者はだれか』で公表した石渡信一郎の解読文を次にあげておくことにします。Aは銘文、Bは石渡信一郎の解読文です。

　A　癸未年八月日十大王年男弟王在意柴沙加宮時斯麻念長奉遣開中費直穢人今州利二人尊所白上同二百旱所此竟〔隅田八幡鏡銘文〕

　B　癸未年（五〇三）八月、日十大王（昆支）の年（世）、男弟王（継体）が意柴沙加宮（忍坂宮）に在す時、斯麻（武寧王）は男弟王に長く奉仕したいと思い、開中（辟中）の費直（郡将）と穢人今州利の二人の高官を遣わし、白い上質の銅二百旱を使って、この鏡を作らせた。〔石渡信一郎解読文〕

2 神人歌舞画像鏡とはどのような鏡か

　高橋健自は文献と考古学的手法を駆使して隅田八幡鏡の銘文の解読と癸未年鏡の年代の割り出しに努力しますが、その結果は決して十分なものではありませんでした。高橋が講演内容を発表した翌年、国語国文学者の山田孝雄（1871-1939）は、高橋と同じ『考古学雑誌』の第5巻第5号（大正4年1月5日発行）に「隅田八幡鏡蔵古鏡につきて」と題してその「実見記」を発表します。

　この山田の「実見記」がきっかけとなり、高橋健自が『鏡と剣と玉』の4頁に掲載した鏡の実物は隅田八幡鏡が模作したと思われる同型鏡の一つ八尾市郡川西塚古墳出土の神人歌舞画像鏡であることに気が付きました。当時、この鏡は上野の帝室博物館に保存されていました。

　比較考古学など知られている川西宏幸（1947-。元筑波大学教授）などの研究により、神人歌舞画像鏡の同型鏡は大阪府藤井寺市の長持山古墳や東京都狛江市の亀塚古墳から出土したものを含め12面が明らかになっています。隅田八幡鏡が模倣した同型鏡の出土した古墳の年代がわかれば、隅田八幡鏡の年代も推定できます。

　川西宏幸は「同型鏡とはただ一つの原型があって、これから複数の笵をとり、そうして一笵一鏡の原則で鋳造した製品の総体をいうはずである」と指摘しています。一笵一鏡の「同型鏡」と一つの笵から幾つかの鏡を鋳造する「同笵鏡」の違いを指摘した川西宏幸の研究は重要です。

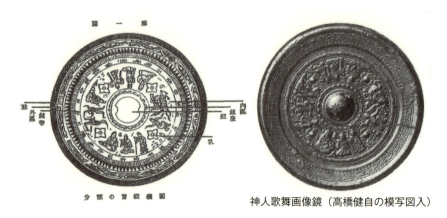

神人歌舞画像鏡（高橋健自の模写図入）

第5章　隅田八幡鏡銘文の「日十大王」はだれか

　神人歌舞画像鏡は出土地がわかっていない3面のうち2面は根津博物館の所蔵品です。12面のうち出土地の判明している神人歌舞画像鏡は次の通りです。

- 郡川西塚古墳鏡（大阪府八尾市）
- 長持山古墳鏡（大阪府藤井寺市沢田三町目）
- トヅカ古墳鏡（京田辺市飯岡小字小山）
- 西塚古墳鏡（福井県遠敷(おにゅう)郡上中町脇袋）
- 亀塚古墳鏡（東京都狛江市和泉）

　郡川西塚古墳は近鉄信貴(しぎ)山口駅に近い生駒(いこま)山地高安山の麓に分布する高安古墳群のなかの一つです。高安古墳群には約200基の古墳が集中しています。いうなれば6世紀から7世紀にかけて畿内中心に築造された群集墳の一つで、南の金剛山地西山麓の一須賀(いちすが)古墳群などもその一つです。

　明治初期E・モース（1838-1925）が関山塚古墳をスケッチして、「日本におけるドルメン（支石墓）」として紹介します。また明治30年（1897）、W・ゴーランド（1842-1922。明治政府がイギリスより大阪造幣寮に招聘した化学兼冶金技師）が二室塚古墳を写真に撮り「双室ドルメン」として紹介しています。

　郡川西塚古墳は全長60mの北向きの前方後円墳で6世紀初頭の築造とされています。明治35年（1902）の農地開墾の際に石室から多数の埋葬品が発見されたと言われていますが、調査資料がないので郡川西塚古墳の神人歌舞画像鏡がいつ発掘されたのかその経緯はわかりません。

　市ノ野山古墳（伝允恭天皇陵）の陪塚長持山古墳は径約40mの円墳です。長持山古墳から出土した家形石棺2基が市立道明寺(どうみょうじ)小学校の校庭裏門の外側近くに展示されています。

　市ノ野山古墳は近鉄南大阪線の土師(はじ)ノ里駅の北へ徒歩5分のところにあり、墳丘部を南に向け、線路を挟んで墳丘部を北に向けた仲津山古墳（伝仲津媛陵）と互いに向き合っています。仲津山古墳の南隣に誉田(ほむた)陵（伝応神陵）があります。

ちなみに仲姫(なかつひめ)は『日本書紀』応神紀に応神天皇の后と記されていますが、石渡信一郎は仲津山古墳（伝仲津媛陵）を倭の五王「讃・珍・済・興・武」の済の墓としています。

陪塚の長持山古墳は昭和21年（1946）に発掘調査が行なわれ、縄掛突起の家形石棺、衝角付冑(しょうかくつきかぶと)、挂甲(けいこう)、鞍金具、馬具などが出土しました。2基の家形石棺は九州の阿蘇山産出の溶結凝灰岩をくり抜いた刳抜式(くりぬき)家形石棺です。古墳の年代は5世紀後半以降と推定されていますが、肝心の神人歌舞画像鏡は何故かボストン美術博物館の所蔵となっています。

坂元義種（元龍谷大学教授。1936-）は神人歌舞画像鏡を模倣した隅田八幡人物画像鏡について、『東アジア古代文化』（第87号、1996）で次のように指摘しています。

　　隅田の鏡は鈕をめぐって内区を乳で四分割している点は似ているのだが、図を書くのが苦手だったのか、神人の配置はばらばらで、そのため乳の位置も狂ってしまった。神人の合計は乗馬の者を含めて九人、それと馬一匹で、神人二人減ったことになる。

　　しかし、できるだけ似せて作ろうとした気配はあるのだが、うまく描けないために似ても似つかぬものまで出来てしまった。おそらく一枚ずつ貼り付けたのであろうが、配列を間違ってしまったり、左右が逆になったりで、モデルの神人は、さんざんな目に合わされている。

3 「癸未(きび)年」論争

隅田八幡鏡銘文解読におけるもっとも大きな障害は、唯一頼るべき文献資料の「記紀」に「意柴沙加宮(おしさかのみや)」という地名以外に手がかりがなかったことです。のちに『古事記』は「袁本杼(をほど)」、『日本書紀』は「男大迹(をほど)」が有力な手がかりとなります。

坂元義種は1917年（大正6）から1975（昭和50）までの高橋健司から福山敏男の論文（40件、約30名）を比較対照した『隅田八幡人物画像鏡の銘文解読比較表』（78-79頁）を作成します。したがってここでは坂元義種の

第5章　隅田八幡鏡銘文の「日十大王」はだれか

『銘文解読比較表』をもとに論をすすめることとします。

この比較表の詳細は光文社から発行された『ゼミナール日本古代史　上・下』(編集委員、上田正昭・直木孝次郎・森浩一・松本清張)か、この本から抜粋して掲載した拙著『隅田八幡鏡』を参照してください。

坂元義種は隅田八幡鏡の銘文48文字のなかから、①「癸未年」、②「日十大王年男弟王」の解釈、③「斯麻念長奉」の釈読、④「開中費直穢人今州利」のキーワードを選び、②はさらに「釈読」「大王」「王」の三つの項目を立てます。

坂元義種の作成した一覧表からわかるのは503年説と443年説が多いことです。ここではこの二つの説に焦点をあてて述べることにします。福山敏男(1905-1995.京都大学名誉教授)の503年説の前に、443年説の代表格である水野祐の説を取り上げることにします。

水野祐の論点は「記紀」との関連性からわかりやすいからです。水野の説明は次の通りです。

> 「日十大王」を「ジジュウノオホキミ」と読む。そして「癸未年八月十六日」や「癸未年八月十日」を「癸未年八月」で切り、「日十」を「十日」の誤りとしないで、日十と大王と結合して「日十大王」とする(『古代』第13巻第3号、1954)。

水野祐のこの解読は福山敏男とほぼ同じです。しかし水野は「意柴沙加宮」が大和国磯城郡磯城島村大字忍坂(おっさか)(奈良県桜井市)の地とすれば、允恭天皇の正妃忍坂大中姫が大和国城上郡忍坂郷を本貫地としているので、「日十大王」が允恭天皇とすれば「男弟王」は允恭と大中姫の子大草香皇子と推定します。

そして水野祐は福山敏男の「男弟王＝継体天皇説」については、「継体朝は吾が古代史上極めて複雑重大な時期であり、かつ日本書紀のこの時代に関する記載は混乱があり、継体天皇紀の全般に就いての資料は不確実で俄(にわか)に信じがたい」と福山敏男の説を一蹴します。

水野祐の443年説に対して福山敏男は3回にわたって503年説を発表し

研究者	番号	読み下し	天皇比定	備考	斯麻	開中費直	No.
井上光貞	四四三	日十、大王与〔男弟王〕	允恭天皇		斯麻、念〔長寿〕	開中費直、穢人今州利	⑰
森　幸一	四四三（遠ツ）	日、十大王年、平弟王	允恭天皇	平非王	斯麻、念〔長寿〕	開中費直・穢人今州利	⑲
宮田俊彦	六二二三	日、大王年、男弟王（ヲサカ）	推古天皇	押坂彦人大兄皇子	斯麻念長、奉	開中費直（カハチノアタヒ）穢人（エヒトノ）今州利（コンツリ）	⑳
神田秀夫	四四三	日、十大王（クサカ）	大日下王		斯麻念長、奉	開中費直穢人、今州利（エヒト）	㉓
北条文彦	六二二三	日、十大王年（ヒノモト）〔図函〕男弟王	（推古天皇）		斯麻、念長寿	開中費直穢人、今州利	㉔
保坂三郎(b)		日十大王年〔図函〕弟王	大日下王		斯麻、念長寿	開中費重穢人、今州利	㉕
今井啓一	四四三	日下大王年、男弟王		忍坂大中姫の五人の皇子	斯麻、念長寿	開中費直穢人、今州利	㉖
乙益重隆	五〇三	日十。大王年。男弟王（ヲト）		継体天皇	斯麻、念〔長壽〕	開中費直穢人、今州利	㉗
小林行雄	四四三	日、大王侯与〔弟〕王（オオキミイロトノキミ）		大草香皇子	斯麻、念〔長寿〕	開中費直、穢人今州利	㉘
古江亮仁	四四三	日十大王年〔図函〕王	允恭天皇		斯麻、念〔長寿〕	開中費直穢人、今州利	㉙
保坂・西村		日十大王年〔図函〕王（ヲス（ヘジ））	仁賢天皇	ヲホド（継体）	斯麻、念〔長奉〕	開中費直穢人、今州利（アヤヒト）	㉛
山尾幸久	五〇三	日十大王年、学弟王（ホド）	応神天皇	菟道稚郎子	斯麻念長、奉（シマノナガ）	開中費直、穢人今州利（ワイ）	㉜
駒井和愛	三八三	日、大王年・男弟王（ヒト）			斯麻念長〔長泰〕（シマネガ）	開中費直、穢人彌州利（ミツリ）	㉟
古田武彦	五〇三	日十大王年、男弟王（ヲハセ）	武烈天皇		斯麻（武寧王）、念〔長泰〕	開中費直、穢人今州利	㊳
川口勝康	五〇三	日十大王年、男弟王（ヲト）			斯麻、念〔長奉〕	開中費直、穢人今州利	㊴
福山敏男(c)	日十大王年（世）・男弟王				斯麻、念長奉	開中費直穢人今州利	㊵

第5章　隅田八幡鏡銘文の「日十大王」はだれか

隅田八幡人物画象鏡の銘文解読比較表

研究者等	比定年	「日十王年男弟王」の釈読	大王	王	「斯麻念長奉」の釈読	「開中費直穢人今州利」の釈読	文献番号
高橋健自	三三三	日十、王年□弟王			斯麻念長、奉	開中費直、穢人今州利（ハシナカノソクヒ）	①
後藤守一(a)	三八三	日十六、王□弟王			斯麻、念長、奉	開中費直、穢人今州利	④
帝室博物館		日十六、王年國弟王			斯麻、念長、奉	開中費直穢人今州利	⑤
福山敏男(a)	五〇三	日十、大王年、男弟王（ヲト）	仁賢天皇？武烈天皇？	男大迹（継体）	斯麻、念長。	開中費直穢人今州利（カワチアタヒアヤヒト）	⑥
山田孝雄	六二三	十日、大王年、男弟王	押坂彦人大兄皇子	（舒明天皇？）	（島根瓦）斯麻、念長。	開中費直穢人今州利	⑦
後藤守一(b)		日十、大王年、□□。王（ネノオホトノキミ）	継体天皇	男大迹王（継体）	斯麻念長彦（シマ ナナガヒコ）	開中費直・穢人命州利	⑧
井本進	五〇三	日十、大王年、男弟王	継体天皇	男大迹王（継体）（オウト）	斯麻念長、奉（シマチオウ）	開中費直、穢人今州利（カウチノアタイエビトコンスリ）	⑨
西田長男	三八三	日十、大王年、男弟王	継体天皇	大草香皇子	斯麻念長寿	開中費直、穢人今州利	⑩⑯
水野祐	四四三	日十、大王年、与二男弟王（ジュウオホキミ イロトノキミ）	允恭天皇	大草香皇子	斯麻、念二長寿	開中費直、アタヘ	⑪
福山敏男(b)	五〇三	日十大王年、男弟王（ヒツオオト）	仁賢天皇	男大迹（継体）（オオト）	斯麻、念、長奉	開中費直、穢人今州利（カフチノアタヒ）	⑫
藪田嘉一郎	五〇三	日十六、三年、男弟王（ミトセ オト）	仁賢天皇	継体天皇	斯麻、念。長寿	開中費直穢人・今州利	⑬
榧本杜人		日十、大王年、男弟王			斯麻、念。（武寧王）奉	開中費直穢人、今州利	⑭
保坂三郎(a)		日十大王□男弟王			斯麻念長奉	開中費直穢人今州利	⑮⑱

ていますが、福山敏男は「日十大王」を「仁賢天皇？　武烈天皇」(1回目)、「仁賢天皇」(2回目)、「わからない」(3回目)とし、「王」を「継体天皇」(1回目、2回目)、「空白」(3回目)とします。昭和50年(1975)に発表した『日本古代史文化の探求・文字』(社会思想社)は次の通りです

  癸未年八月日十大王年、在男弟王意柴沙加宮時、斯麻、念長奉、遣開中費直穢人今州利二人等、所白上同二百旱、所此竟、

そして福山は次のように解読しますが、この釈文は石渡信一郎が『応神陵の被葬者はだれか』で発表した前記の解読文に最も近いものです。

  癸未の年八月、日十大王の年(世)、男弟王が意柴沙加(忍坂)の宮に在（ま）しました時、斯麻が、念長奉、開中費直穢人今州利二人等をして、白上(精良)の同二百旱を択び取って、此の鏡を作らせた。

さらに福山敏男は次のように解説しています。

  私ははじめ「癸未年八月日十、大王年」と区切ったが、ただ漫然と「大王」とあるのでは落ち着かないのと、「十日」を「日十」と書くのは、歌謡の場合ならともかく、四角ばった銘文としてはおかしいと考え、「癸未年八月、日十大王」と改めた。
  その場合は「日十」(曰十か)は大王の名か号かということになろう。男弟は普通名詞か固有名詞かという問題がある。『魏志』倭人伝に、卑弥呼に「男弟」があって国政を助けたとある例を参照すると、男弟王(後世の用語で皇太弟か)のこととしてもよいのかも知れない。しかし後世にのこる文章としては、帝王以下の人なら、その人の名を出す方が自然である。
  「男弟」を音読みナデとするより、訓よみでヲオトとしたらどうか。『上宮紀』の乎富等王（オフト）、『古事記』の袁本杼命（ヲホド）、『日本書紀』の男大迹天皇（ヲホト）（継体天皇）を私はこのヲオトにあてたが、ホとトの音の相違に難点

第5章　隅田八幡鏡銘文の「日十大王」はだれか

があることを注意された。なるほどそうであろう。
　しかし『古事記』の開化天皇の条の意祁都比売(おけつひめ)と袁祁都比売(をけつひめ)、安康天皇条以下に見える意祁王(オケ)(兄)と袁祁王(ヲケ)(弟)の例があり、大をオ、小をヲとしている用例からすると、「大」はオとも読めるし、『日本書紀』の「男大迹」はヲオトと読めないこともなかろう。

　福山敏男は銘文の「斯麻」は人名で男弟王の家司の役を勤めた人と考え、そこで高橋健自が「斯麻念長(しまねのおさ)」と読み、神功皇后46年紀の斯麻宿禰と結びつけたのを、福山は「斯麻」と「年長奉」を切り離します。
　また斯麻の部下と思われる二人は「開中費直（あたい）」と「穢人今州利」とすることができるが、「穢人」を名とみて「開中費直穢人」「今州利」の二人とします。癸未年については福山は503年として、「斯麻」については次のような疑問を呈しています。

　　戦後では、この鏡が百済で作られたもので、銘文の「斯麻」を武寧王（斯麻王、五〇一年から在位）に当てる説も提示された。しかし在位の王ならば、せめて「斯麻王」という敬称がほしいものである。「斯麻」というように、はだかのままの言い方をするのはどうかと思われる。

　福山敏男は「日十大王」が誰か特定していませんが、1934年に発表した『考古学雑誌』（第24巻第1号）の「江田発掘大刀及び隅田八幡神社鏡の製作年代について」で、「日十大王」を仁賢天皇（在位488-498）か武烈天皇（在位498-506）とし、「男弟王」は終始一貫継体天皇としています。
　「日十」の読み方については、1954年に平凡社から出版された『書道全集』（第9巻）の「隅田八幡鏡銘（図説解説・釈文）では「ヒソ」と呼び、また「日十」の場合は「オソ」と考え、大王を仁賢天皇とします。これら福山説を軸に他の研究者の説を比較するとその違いと一致がよくわかります。

4 「日十大王」はなぜ隠されたか

　隅田八幡鏡銘文は48文字のなかに「癸未年八月」「日十大王」「男弟王」「意柴沙加宮」「斯麻」「開中費直」「今州利」など5W1Hが完全にそろっている類い稀なる金石文です。

　もしこの隅田八幡鏡銘文を完全に解読したとするならば、東アジアの古代史解明の業績としてノーベル賞を授与されてもおかしくありません。

　しかし肝心の「日十大王」という名の天皇は「記紀」に見あたりません。ほかに手がかりになるような人名もありません。あるとすれば『古事記』序文に太安万侶が「『日下』をクサカと訓せ、名で『帯』の文字をタラシと訓ませるなど、こういう類例は従来の記述に従い改めませんでした」と記した箇所です。太安万侶のこの「日下」を「記紀」に依存せず朝鮮と日本の歴史的・語源的方面から研究したならば解読できたかもしれません。

　唯一、国語学者の神田秀夫（1933-1993）が『古事記の構造』（明治書院、1955年）で「日十大王」の「日十」を「クサカ」と読んでいます。しかし神田秀夫は癸未年を443年として「日十大王」を『日本書紀』「仁徳紀」の仁徳天皇と妃の日向髪長媛間に生まれた大草香皇子とします。『古事記』はこの皇子を大日下王と表記しているからです。

　ちなみに石渡信一郎は「早・日十・日下」（クサカ・ソカ）から「日本」（ニホン・ニッポン・ヒノモト）となったと述べています。また「アスカ」（明日香・飛鳥）は「アスカラ」（東加羅）の「ラ」が脱落して「ソカ」「スカ」「サカ」（日下・早・草・日十）などの地名・人名になっています。

　このように八幡鏡銘文がもっている重大な意味が現在まで解読不能になっているのは、「日十大王」が最大の謎であったからです。「日十大王」とはいったい誰なのか。銘文の最大の主役「日十大王」が特定できれば各キーワードの整合性が成立して、銘文全体の意味が一挙に判明するはずでした。「日十」をいったいどう読むのか。もしこの「日十大王」が「記紀」のなかにあり、その正体がわかっていたならば、日本古代史の記述は180度ちがったであろうし、また「記紀」に対する正史としての信頼は一挙に高まることになったことでしょう。

しかし「記紀」そのものが「日十大王」の存在を意図的に隠したとなるとどうなるでしょうか。むしろ一歩進めて『日本書紀』編纂者が隅田八幡鏡の存在を知っていて「日十大王」を隠蔽したとしたら？ しかしなぜ「日十大王」は隠されなければならなかったのでしょうか。

これを説明するにはこの日本古代史史上最大の秘密をもつ隅田八幡鏡が橋本の隅田八幡神社に古くから伝来したものではなく、江戸天保5年（1834）に紀ノ川上流の瓦採掘場から出土した唐櫃の中に入っていたという実話を皆さんにお伝えしなけばなりません。

しかしこの話については紙面に限りがありますので詳細は拙著『隅田八幡鏡鏡』（2009）か、安本美典編集・発行の『季刊・邪馬台国』（92号、2006年7月号、梓書院）をご覧ください。安本美典は雑誌『邪馬台国』の「総力特集：隅田八幡神社の人物画像鏡銘文の徹底的研究」と題した論文で、癸未年を天武天皇7年（683）、干支を「癸未年」とし、日十大王を「天武天皇」、男弟王は「忍坂部皇子」のなどとしていますが、むげに却下すべきではなく、あらゆるキーワードを徹底的に検討しようとする安本美典の姿勢は尊重にあたいします。

なお昆支の倭国渡来の事実と隅田八幡鏡銘文の「斯麻」が百済武寧王（在位501-523）と同一人物であり、かつ「斯麻」が「日十大王」の子であり、斯麻＝武寧王が「男弟王」＝継体天皇（在位507-531）の甥にあたることは、次章の「百済武寧王陵と継体天皇の出自」で述べることにします。

第6章　百済武寧王と継体天皇の出自

1　武寧王陵の発見と墓誌

　韓国忠清南道公州市の近くを流れる錦江のほとりに宋山里古墳群があります。武寧王陵が発見されるまで宋山里古墳群は遺跡らしき小山が数基ある程度の森林公園でした。しかし百済時代の公州は熊津(ゆうしん)と呼ばれる百済再興の第二の都です。というのは475年高句麗の長寿王が3万の兵をもって王都漢城(現ソウル)を襲い百済蓋鹵王を殺害したので、後継者の文周王は都を漢江流域から南の錦江に移したからです。

　宋山里古墳は百済王族の墓とされ、武寧王陵をのぞいてほとんど盗掘されました。1971年7月5日、公州博物館(館長金良培)に依頼された土木作業員が、5号墳と6号墳の漏水防止工事をするために地面を掘っている最中、6号墳の北側に位置する小山(円墳)の塼(せん)と漆喰(しっくい)で密閉された構造物に遭遇します。

　いわゆる未発掘の武寧王陵(7号墳)に突き当たったのです。偶然とはいえついに見つかるべきものが見つかったと言わなければならない大発見です。それまでは武寧王陵(7号墳)は6号墳の後山と思われていました。

　しかし6号墳は昔から四神図の壁画を持つことで知られていました。武寧王陵の発掘調査により6号墳と武寧王陵はほかの円墳と異なり、塼(せん)(レンガ)を積み上げて墓室の壁にした中国南朝特有の塼室墳であることがわかりました。このことから武寧王は梁(502-557)の仏教王武帝(在位502-549)の大きな影響を受けていることもわかったのです。

　盗掘をまぬがれた武寧王陵の玄室からは日本特産の高野槇(コウヤマキ)で作られた王と王妃の木棺、金冠、装身具、鏡など108種類、2900点を超える遺物が出土します。玄室とは横穴墓の奥室で遺骸(いがい)や副葬品を納める部屋をいい、入口を玄門と呼び、玄室にいたる通路を羨道(せんどう)と呼びます。

上：武寧王内部の写真
下：方角規矩神獣鏡

　武寧王陵羨道の中央で発見された2枚のうちの1枚に刻まれた「寧東大将軍百済斯麻王、年六十二歳、癸卯年五月丙戌朔七日壬辰崩到」という墓誌によって、寧東大将軍の百済王は、諱(いみな)は斯麻で年齢は62歳の癸卯(みずのと、きぼう)年（523）5月7日に亡くなったことが明らかになりました。
　というのは『三国史記』百済本紀武寧王21年（521）条に「行都督・百済諸軍事・鎮東大将軍・百済王の余隆は、梁の藩屛(はんぺい)として海外を守り、遠くから貢物をおさめ、その忠誠をつくしている。この栄誉を授け、使持節・都督・百済諸軍事・寧東大将軍とする」とあるからです。
　さらに『日本書紀』継体天皇17年（523）条に「夏五月に、百済王（こにきし）武寧薨(まか)る」とあり、『三国史記』百済本紀武寧王23年条（523）条には「夏五月に、百済の王が薨(こう)じた」と記されているので、武寧王の死亡年に関して『日本書紀』と『三国史記』はピッタリと一致しています。
　このことから百済昆支王(こむき)の渡来と、武寧王の出生を461年とする『日本書

紀』雄略天皇5年条の記事が一年の誤差しかないこともわかったのです。

2　雄略天皇5年の昆支渡来の記事

雄略天皇5年（461、干支は辛丑年）の記事は次の通りです。

　　四月に、百済の加須利君は〔蓋鹵王である〕、池津姫が焼き殺されたことを伝え聞くと、謀議して、「昔、女人を采女として貢上した。ところがまことに非礼で、我が国の名を汚した。今後、女を貢上してはならない」と言った。そして弟軍君に告げて〔琨支である〕、「お前は日本に行き、天皇にお仕えしなさい」と言った。
　　軍君は答えて、「王のご命令に背くことはできません。どうか王の妃を私に賜って、そのあとで私を日本に派遣して下さい」と答えた。加須利君は、そこで妊娠している妃を軍君の妻とさせ、「私の妊娠している妃は、もう産み月に当たっている。もし途中で出産したら、母子ともに同じ船に乗せて、どこからでもいいから、すぐに国に送り返してくれ」と言った。
　　ついに二人は別れを告げ、軍君は日本に派遣された。六月の一日に、妊娠していた妃が、加須利君の言葉通りに、筑紫の各羅島で出産した。そこで、その子を嶋君と名付けた。軍君は一隻の船で嶋君を国に送った。これを武寧王という。
　　百済人は、この嶋を主嶋と呼ぶ。七月に、軍君は京に入った。すでに五人の子がいた。〔『百済新撰』に「辛丑年に、蓋鹵王は、弟の琨支君を奉遣して、大倭に行かせ、天皇に仕えさせ、先王の好誼を修めた」という〕

ところでこの記事と「武烈紀」を併せ読むと、加須利君＝蓋鹵王、軍君＝琨支＝昆支、嶋＝島＝斯麻＝武寧王であるがわかります。しかし注意しなければいけないのは、『三国史記』は昆支を蓋鹵王の子としていますが、『日本書紀』は昆支を蓋鹵王の弟としていることです。ところが昆支と蓋鹵王の関係については、『日本書紀』「武烈紀」4年（502）条には次のように

87

書かれています。

　この年、百済の末多王(またおう)は無道であって、人民に暴虐を行った。国民はついに末多王を排除して島王を立てた。これが武寧王である。〔『百済新撰』に「末多王は無道であって、人民に暴虐な行いをした。国民はみな末多王を排除して武寧王が立った。諱は斯麻王という。これは昆支王子の子である(傍点筆者)。そして末多王の異母兄である。昆支が倭(やまと)に参向した時に、筑紫島に到着して、斯麻王を生んだ。島から送還したが、都につくまでに島で生まれた。そこで島と名付けたのである。今、各羅の海中に主島(にりむせま)がある。王の生まれた島である。そこで百済人が名付けて主島とした」という。今考えるに、島王は蓋鹵王の子である。末多王は昆支の子である。これを異母兄というのは未詳である。〕

　この「武烈紀」4年（502）条の割注には、『百済新撰』によると武寧王＝斯麻王は昆支の子であるが、後で考えると蓋鹵王の子であると矛盾したことが書かれています。いったい武寧王は蓋鹵王の子でしょうか、昆支の子でしょうか。武寧王（斯麻）はまぎれもなく『百済新撰』のいうように昆支の子です。しかし『百済新撰』は『百済記』『百済本記』と一緒にして百済三書と呼ばれ逸書とされています。

　それにしても武寧王の父とされる昆支とはいかなる人物でしょうか。『日本書紀』「雄略紀」5年（461）条と「武烈紀」4年条の割注と、『三国史記』百済本紀文周王条の「四七七年四月に王弟の昆支を内臣佐平に任じたが、七月に死んだ」と、3回記録されているだけです。「内臣佐平」とは百済王に次ぐナンバー2の位です。

　武寧王陵の発見によって武寧王の実在が証明されたにもかかわらず、この弟軍君＝琨支(こむき)＝昆支なる人物が文献その他の歴史的資料から明らかにされないかぎり、武寧王の出自と前半生もまた謎につつまれたままです。

　それでは461年百済から倭国に渡来した昆支は、その後百済に帰ったのでしょうか、そのまま倭国に留まったのでしょうか。『三国史記』に書かれている「四七七年四月に王弟の昆支を内臣佐平に任じたが、七月に死んだ」と

第6章　百済武寧王と継体天皇の出自

いう記事がフィクションではなく本当であるならば、461年に渡来した昆支は477年までに百済に帰国していなければなりません。
「新旧二つの渡来集団による日本古代国家の成立」を提唱した石渡信一郎は『応神陵の被葬者はだれか』（1990年）に次のように書いています。

　　四七七年に百済で死亡したという『三国史記』の記事は史実性がなく、五世紀後半に渡来して倭国の大王となった百済の王子昆支は、年代から見て誉田山古墳（応神陵）の被葬者と見ることができる。わたしがこのような結論を出したのは、一九八四年であったが、その後、二年ほど『三国史記』の昆支関係記事を検証した結果、この結論はまったく正しいことを確認することができた。わたしは、まず、昆支が百済の重臣余昆と同一人物であることを知ったのである。

　石渡信一郎によれば昆支は日本で王となり誉田陵に埋葬されたのだから昆支は461年以降百済に帰国していません。とすると、『三国史記』の記述は虚構ということになります。昆支が『宋書』百済国伝に記された百済の重臣余昆であることは次のことからも明らかです。
　『宋書』百済国伝によると、百済王余慶（蓋鹵王）は、大明2年（458）宋に対して重臣11人の任官を要請しています。その11人の中に「征虜将軍」の軍号を認められた余昆という重臣がいます。余昆は百済の「左賢王」という王号も帯びていましたが、この王号はそのとき認められませんでした。
　坂元義種によれば「余昆に授けられるよう要請のあった征虜将軍という称号は、百済王余慶の要請した将軍号のなかでは最高位のものであり、この点、以後の百済王族にも、これを越えるものはいない。しかも余昆の場合は左賢王という王号まで帯びており、その地位は他の百済貴族に比し隔絶している」と指摘しています。
　さらに坂元義種によれば、左賢王・右賢王は北方騎馬民族国家では君主の後継者としての資格をもち、軍事権も掌握しており、君主の近親者が任ぜられます。たがって百済王余慶（蓋鹵王）と同じ"余"という姓をもつ左賢王余昆が余慶の弟である公算は大です。また、昆支は『日本書紀』本文と『百

済新撰』では蓋鹵王の弟とされ、東城王と武寧王の父とも記されていることから、百済王族のなかでも最高位にあったことはほぼ間違いありません。

3　『宋書』百済国伝の右賢王余紀＝継体天皇

　ところで『宋書』百済国伝に記録された百済の重臣11人のなかに、隅田八幡鏡銘文の「男弟王」＝継体天皇と同一人物と目される極めて重要な人物についてお伝えしておかなければなりません。

　先の百済王余慶（蓋鹵王）による11人の宋への任官要請は、坂元義種の論文「五世紀の〈百済大王〉とその王・侯」からも明らかなように「行冠軍右賢王余紀等十一人」という「右賢王余紀」の名で行われています。その認可された11人の将軍の序列を上から列記すると、征虜将軍（余昆）・冠軍将軍（余紀）・輔国将軍（余都、文周王）です。

　百済国内の「位」で言えば左賢王（余昆＝昆支）のほうが右賢王（余紀）より上であるはずなのに右賢王余紀の名がトップにあるのは奇妙です。事実、坂元義種は「百済においても左賢王は大王に次ぐ地位にあるが、今回の叙正願いは行冠軍右賢王余紀等十一人とあるので、右賢王余紀の位が高位にあるかのように思えるが、実際は左賢王の地位が上である」と説明しています。

　このことについて鈴木靖民は『倭国と東アジア』「百済の府官制」のなかで「余紀」が特に叙正を請う上表の筆頭に挙げられる理由はわからないと指摘しています。いずれにしても、余昆も余紀も姓が「余」であることから二人は夫余系（中国東北部旧満州に存在した民族および国家。遼寧・吉林・黒竜江省を中心とする地域）を出自とする百済王族の兄弟であることはほぼ間違いないと考えられます。

　私は昆支の父毗有王には蓋鹵王を長子とし余紀を末子とする腹違いの子が多くいたと推測します。であれば余紀の母は兄昆支（余昆）の母より上級氏族を出自とする身分の可能性が考えられます。あるいは兄昆支はこの叙正（458年）の3年後の461年に渡来しているので、百済の後継者は昆支ではなく余紀と決まっていたのかもしれません。でなければ458年の叙正願いは昆支の倭国渡来の格付けのために行われ可能性もああります。

中国南朝の高句麗・百済・倭三国王将軍補任表

王朝	年時	高句麗		百済		倭	
		王名	将軍名	王名	将軍名	王名	将軍名
東晋	咸安 2 (372)			(余句)	鎮東将軍		
	太元 11 (386)			(余暉)	鎮東将軍		
	義熙 9 (413)	(高璉)	征東将軍				
	〃 12 (416)			(余映)	鎮東将軍		
宋	永初 1 (420)		→征東大将軍		→鎮東大将軍		
	〃 2 (421)					(倭讃)	?
	元嘉 7 (430)			(余毗)			
	〃 15 (438)					(珍)	安東将軍
	〃 20 (443)					(倭済)	安東将軍
	〃 28 (451)						→安東大将軍
	大明 1 (457)			(余慶)	鎮東大将軍		
	〃 6 (462)					(興)	安東将軍
	〃 7 (463)		→車騎大将軍				
	昇明 2 (478)					(武)	安東大将軍
南斉	建元 1 (479)						→鎮東大将軍
	〃 2 (480)		→驃騎大将軍	(牟都)	鎮東大将軍		
	永明 8 (490)			(牟大)	鎮東大将軍		
	隆昌 1 (494)	(高雲)	征東大将軍				
梁	天監 1 (502) 見		車騎将軍				
	天監 1 (502)		→車騎大将軍		→征東大将軍		→征東将軍
	〃 7 (508)		→撫東大将軍				
	普通 1 (520)	(高安)	寧東将軍				
	〃 2 (521)			(余隆)	寧東大将軍		
	〃 5 (524)			(余明)	采東将軍		
	〃 7 (526)	(高延)	?				
	太清 2 (548) 見		撫東将軍				
	太清 2 (548)	(高成)	寧東将軍				
陳	天嘉 3 (562)	(高湯)	寧東将軍		→撫東大将軍		

なお昆支は440年の生まれであることは石渡信一郎の研究によって判明しているので余昆（昆支）の征虜将軍任官時の年齢は18歳です。余紀＝継体であれば『日本書紀』では継体は531年、82歳で亡くなっているので、余紀は450年前後の生まれということになり、冠軍将軍に任官したときの余紀の年齢は8歳前後です。

　昆支は「雄略紀」にあるように461年（21歳）に倭国に渡来しているので、余紀は兄余昆こと昆支と一緒に倭国に渡来したかあるいは数年遅れて渡来した可能性が高いと言えます。余紀が百済で後継者の位置にあったとすれば、渡来の時期がもっと遅くなったことも考えられます。ちなみに右賢王余紀については、この『宋書』百済国伝（458年）の記事以外に資料は皆無です。

　倭国に渡来した昆支は済（ホムダノマワカ）の娘（興の姉妹ナカツヒメ＝仲姫）と結ばれ、また余紀＝男大迹＝継体は目子媛（以下、メノコヒメ）と結婚します。このメノコヒメの父とされる尾張連草香は倭の五王「讃・珍・済・興・武」の「済」と同一人物です。

　しかし系図（45頁）をみてもわかるように継体の后メノコヒメと昆支（応神）の后仲姫は済の娘ですが母が異なります。メノコヒメは加羅系倭の五王「讃・珍・済・興・武」の倭王珍の血を強くひき、仲姫は百済系妃毗有王の血を引いています。ということは百済系の昆支（余昆）と余紀は同じ加羅系倭の五王「讃・珍・済・興・武」の倭王済の娘婿です。

　しかし目子媛も仲姫も元もただせば、メノコヒメは珍（ワカキニイリヒコ、稚城入彦）、仲姫は讃（イニシキイリヒコ、五十瓊敷入彦）にたどり着きます。讃は垂仁（イクメイリヒコイサチ、活目入彦五十狭茅）の第1子で、珍は垂仁の第5子です。

　継体と昆支（応神・倭武）を父とし祖父とする子孫（末裔）は、加羅系崇神王朝の血を強く引いています。であれば彼らは讃（兄）と珍（弟）の後継（兄弟相承か父子相承）をめぐる葛藤と争い受け継ぐことになり、さらに百済系の血も入り混じって、その葛藤は激しさを増します。

　『日本書紀』継体天皇元年（507、干支は丁亥）3月条に「一四日に、八人の妃を召し入れた。〔八人の妃を召し入れたのは、先にも後にも例があるが、癸酉（一四日）に召し入れたというのは、天位にお即きになり、良い日を占い選

んでから、初めて後宮に任じられたので、このように記載したのである。他もみなこれに倣え〕。元の妃は尾張連草香の娘で目子媛という。二皇子を生み、一子を勾大兄こと広国排武盾金日皇子（安閑天皇）、二子を檜前高田こと武小広国排盾皇子（宣化天皇）という」とあります。

また『古事記』にはメノコヒメについて「尾張連等の祖凡連の妹、目子郎女と結婚して広国押建金日王、次に建小広国押楯命を生んだ」と書かれています。

またメノコヒメの姉の仲姫については『日本書紀』応神天皇即位元年（270）2月条に「仲姫を立てて大鷦鷯（仁徳天皇）を生んだ」と書かれています。そして『古事記』「応神天皇記」には「品陀和気命は品陀真若王の娘の三女、高木之入日売命・中日売命・弟日売命と結婚したとあります。

メノコヒメと仲姫が母が異なる姉妹関係であるとしても干支4運（60 × 4=240年）も前の天皇応神と結婚すること自体あり得ない話です。このことは継体（余紀）が応神天皇の5世孫の子ではなく、応神＝昆支王の弟であったことを示しているといってよいでしょう。

余紀＝継体の年齢から見て、余紀がメノコヒメと結ばれるまでは河内南部の済か興の保護下で成長したか、あるいは大和川（初瀬川）上流の桜井周辺（のちの継体の本拠）に本拠をもつ加羅系氏族大伴氏か物部氏のもとに預けられていた可能性もあります。

また『日本書紀』継体天皇即位紀に男大迹（継体）が即位のときに河内馬飼首荒籠の助言を受けて即位していることから、男大迹は淀川流域一帯を支配していた河内部の首長のもとで育った可能性もあります。

この推理は武寧王が隅田八幡鏡（癸未年鏡）を贈るために派遣したという百済の高官「開中費直（あたい）」は百済系豪族の河内馬飼首荒籠の一族の者かそれに類する一族の出身とみることも可能だからです。

4　加羅系豪族同士の争いと「磐井の反乱」

継体天皇が亡くなる1年前の『日本書紀』継体天皇24年（530、干支は庚戌）10月条に次のような不可解な記事があります。

調吉士が任那から帰国し、「毛野臣は傲慢でひねくれた性格で政治に不慣れです。決して和解せず、加羅を混乱させ、また自分勝手にふるまい、患禍を防ごうとしません」と申し上げた。そのため天皇は目頬子を派遣して毛野臣を召し出させた〔目頬子は未詳である〕。

　この年に毛野臣は召されて対馬に到着し、病に罹って死んだ。葬送するとき、川を上って近江に入った。毛野臣の妻は歌を詠んだ。

　　枚方ゆ　笛吹き上る　近江のや　野の若子い　笛吹き上る
〔枚方から笛を吹きながら川を上っていく。近江の毛野若様、笛を吹きながら川を上って行く〕

　目頬子が初めて任那についた時、そこに住んでいた日本の人々が歌を贈った。

　　韓国を　如何に言うことそ　目頬子来る
　　　むかさくる　壱岐の渡を　目頬子来る
〔韓国をどんな国だというのか、目頬子がやって来た。遠く離れた壱岐の海路を目頬子がわざわざやって来た〕

　引用文中の継体天皇に派遣された目頬子ですが、旧加羅系豪族の毛野臣とぬきさしならぬ関係にあるようです。目頬子の正体は不明ですが、毛野臣は磐井の反乱に関係する人物です。磐井の反乱とは筑紫の国造磐井が、新羅と組んで任那に出兵しようとする天皇（継体）の将軍毛野臣を遮ろうとして起こった事件ですが、『日本書紀』継体天皇21年（527）6月3日条に次のように書かれています。

　　近江の毛野臣は軍兵六万人を率いて任那に行き、新羅に敗れた南加羅・喙己呑を復興して任那を合併しようとした。ここに筑紫の国造磐井はひそかに反逆を図ろうとその隙をねらっていた。新羅はこれを知って

密かに賄賂を磐井に届けて毛野臣の軍勢を阻止するように勧めた。
　そこで磐井は火（肥前・肥後）・豊（豊前・豊後）の二国に朝廷に従わないよう指示した。外に対しては海路を遮って高麗・百済・新羅・任那らの国の年ごとの朝貢船を誘い入れ、内に対しては任那に派遣された毛野臣の軍勢を遮り、次のように言った。「今こそ使者となっているが、昔は方を並べ、肘を触れ合わせて、一つの器で共に食べたものだ。使者になった途端に、私をお前に従わせることなどどうしてできようか」

　この磐井国造の言葉は、毛野臣と磐井が「新旧二つの渡来集団」の旧の崇神を始祖王とする加羅系の同族（仲間）であったことを意味しています。しかし朝廷の代官として任那に派遣されていた毛野臣が次第に暴政を振るうようになります。継体天皇24年（530）9月条には次のように書かれているからです。

　任那の使者が次のように報告した。「毛野臣はついに久斯牟羅（くしむら）に家を建てて、滞留すること二年になり〔一本に三年というのは行き来した年数を合わせたものである〕、政務を怠っています。ここに至って日本人と任那人との間にさかんに子が生まれ、その帰属をめぐって訴訟を決するのは難しいことです。もともと判定することができません。
　毛野臣は好んで誓湯（くがたち）を置いて、"真実を言う者は爛れず、虚偽を言う者は必ず爛れるだろう"と言い、それで湯に入って爛れ死ぬ者が多くいます。また吉備韓子那多利（からこなたふり）・斯布利（しふり）を殺し〔大日本の人が蕃国の女を娶って生んだ子を韓子という〕、常に人民を苦しめ、決して和解することはありません」。天皇（継体）はその行状を聞いて毛野臣を召喚しようとしましたが、毛野臣は帰朝しなかった。

　以上の毛野臣の正体を前提に毛野臣と目頬子との関係に話を戻しますが、目頬子は継体が即位するときに助言した河内馬飼首荒籠の親族かその末裔に類する人物ではではないかと考えられます。以下は『日本書紀』の記述からの私の推測です。というのは『日本書紀』履中天皇（在位400-405）5年9月

18日条に次のような記事があります。

　　　天皇（履中）は淡路島で狩猟をした。この日河内の飼部らがお供をして馬の轡（くつわ）を取った。これより先、飼部の目の入墨（いれずみ）がまだ完治していなかった。その時、島の伊弉諾神（いざなき）が祝（はふり）に乗り移って神託を下し、「血の臭気に堪えられない」と言った。そこで占卜（せんぼく）したところ、卜兆（ぼくちょう）に「飼部らの入墨の臭気を嫌う」と出た。それでこれより後、飼部の入墨を廃絶した。

　天皇履中は仁徳から始まり武烈に終わる「不在天皇10人」の1人です。干支2運（120年）繰り下げれば継体天皇18年（524）の甲辰年にあたります。この年の『日本書紀』には「百済聖明王が即位した」とあり、その前後の記事に百済王武寧王が崩御（継体17年）とあり、「都を磐余穂宮に遷す」（継体20年）とあります。

　馬飼部の入墨を廃絶したという履中天皇の話は虚構（フィクション）とみてよく、実在の倭王は崇神王朝の2代目活目入彦五十狭茅（いくめいりひこいさち）こと垂仁（在位379-409）と考えられます。すると目頬子は垂仁の第5子ワカキニイリヒコ（稚城瓊入彦）＝珍（倭の五王の一人、讃の弟）の孫娘目子媛（メノコヒメ）（継体の后、安閑・宣化の母）と結びつきます。

　系図（45頁）からもわかるように、継体天皇の系譜は百済毗有王の子昆支王（倭王武・応神）より強く加羅系渡来集団の血を引いています。

　昆支＝倭王武の直系の獲加多支鹵大王＝欽明の辛亥の変（531年）が加羅系と百済系の和合統一のクーデタであったとすると、継体崩御の直前の目頬子と毛野臣の話は意味のある話と言わなければなりません。

5　『日本書紀』「継体紀」の目頬子とはだれか？

　昨年（2017）11月上旬、群馬県高崎市に所在する「上野三碑」（こうずけさんぴ）（多胡碑・山上碑・金沢碑）がユネスコ「世界の記憶」に登録されたと、新聞各紙とNHKなどで報道されました。その一つ多胡碑（縦書き6行、80字）には次

のようなことを意味する漢字が刻まれています。

> 政府の弁官から命令があった。上野国の片岡郡・緑野郡・甘楽郡の三郡から三百戸を分けて新たに郡をつくり、羊に治めさせる。郡の名は多胡郡とする。和銅四年（七一一）三月九日甲寅のことである。左中弁五位多治比真人から天皇（元明）の命令書が伝えられた。太政官は二品穂積親王、左大臣は正二位石上尊、右大臣は藤原（不比等）尊である。

同じような内容が、『続日本紀』元明天皇和銅４年（711）３月６日条に「上野国甘楽郡の織裳・韓級・矢田・大家・緑野郡の武美、片岡郡の山などの六郷を割いて、新しく多胡郡を設けた」と書かれています。

またもう一つの金沢碑は次のように判読されています。

> 上野国群馬郡下賛郷高田里の三家子□（判読不可能）が、祖先と父母の為に、家刀自（家を統括する女性）の他田君目頬刀自、その子の加耶刀自、孫の物部君午足、次に馸刀自、次に乙馸刀自（若刀自の意か）の合わせて六人、また、知識となっている三家毛人、知万呂、鍛師の磯部君麻呂の合わせて三人、これら仏の教えで結びついた私たちが、（一族の繁栄を願って）祈り申し上げる石文である。
>
> 神亀三年（七二六）丙寅二月二九日

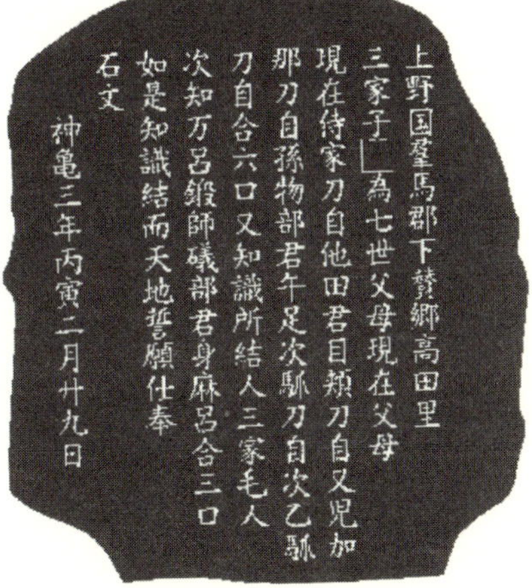

「上野三碑」の一つ金沢碑

金沢碑の「神亀三年」は聖武天皇が即位して３年目の年にあたり、時の右大臣は長屋王です。ビックリするのは「金沢碑」の銘文中の「目頬」という

言葉が、『日本書紀』継体天皇24年10月条の毛野臣を迎えに行く「目頰子(めづらこ)」とそっくりであることです。

また「他田君目頰刀自(おさだのきみめづらとじ)」の「他田(おさた)」も『日本書紀』敏達天皇4年（575、干支は乙未年）3月11日条や、この歳条に次のように「訳語(おさ)」「訳語田(おさた)」で登場します。

　　百済は使者を派遣して朝貢した。貢は例年より多かった。天皇（敏達）は新羅がまだ任那を再建しないので皇子（彦人大兄皇子）と大臣（馬子）とに詔して「任那のことを怠ってはならない」と言った。七月六日吉士金(きしのかね)を新羅に派遣させ、吉士木蓮子(きしのいたび)を任那に使いさせ、吉士訳語彦(きしのおさひこ)（他にみえず）を百済に使いさせた（四月六日条）。

　　六月新羅は使者を派遣して朝貢した。調はいつもより多かった。また多多羅・須奈羅・和陀・発鬼の四つの邑の調も合わせて進上した（六月条）。

　　この歳卜者(うらべ)に命じて、海部王(あまのおおきみ)（他にみえず）の宅地と糸井王の宅地とを占わせた。卜占はどちらも吉であった。そこで宮殿を訳語田(おさた)に造営した。これを幸玉宮という。一一月皇后広姫が薨去した（是歳条）

引用文中の吉士金と吉士木蓮子(きしのいたび)ですが、崇峻天皇4年（591）11月4日条にも蘇我一族の諸豪族の下士官として登場しています。

　　紀男麻呂宿禰・巨勢猿臣・大伴連噛連・葛城烏奈良臣らを大将軍として氏々を率いる臣・連を副将軍とし、部隊は二万余人の軍隊を率いて筑紫に出陣した。吉士金を新羅に遣わし、吉士木蓮子を任那に遣わして任那のことを問責した。

吉士金と吉士木蓮子の上司である紀男麻呂宿禰・巨勢猿臣・大伴連噛連・葛城烏奈良臣らは、物部守屋大連を滅ぼすために蘇我馬子大臣が動員した崇峻天皇即位時の蘇我氏の同族か傘下の豪族です。蘇我馬子はこの物部守屋（彦人大兄。敏達天皇の子）との仏教戦争（587年）で勝利して法興寺（飛鳥

第6章 百済武寧王と継体天皇の出自

寺）の建立、厩戸皇子（聖徳太子）は四天王寺の建立を祈願します。

『日本書紀』敏達天皇4年3月11日条に登場する吉士金ですが、『日本書紀』訳者頭注は「敏達四年三月」の記事と「崇峻四年十一月」の記事がほとんど同じことから、吉士金と吉士木蓮子は同一人と考えられるとしています。

ということは安閑天皇の和風諡号「広国排武金日」の「金」は吉士金＝物部木蓮子＝吉吉士木蓮子に由来していることがわかります。しかも安閑は継体を父とし目子媛を母としています。ちなみに『日本書紀』継体天皇24年（530、干支は庚戌）10月条の毛野臣を迎えに行くという目頬子の記事ですが、その翌年の531年は欽明＝ワカタケル大王の辛亥のクーデタが起きます。

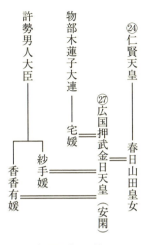

安閑天皇の后妃

以上、「金沢碑（726年）」「継体天皇24年（530）の記事」「崇峻天皇4年（590）の記事」「敏達天皇4年（575）の記事」ですが、登場人物の毛野臣・物部・吉士金・吉士木蓮子、そして目頬子は互いに関係しています。

とくに目頬子の「目」は継体天皇の后目子媛と密接な関係にあるとみてよいでしょう。はたして目頬子とは安閑天皇の別称でしょうか。それとも即位しなかったか、クーデタで殺害された安閑（広国排武金日）の分身でしょうか。

目頬子＝吉士金＝物部木蓮子＝吉士木蓮子の正体不明のややこしい話は、継体と欽明の出自が隠蔽されたため、その辻褄を合わせるため造られた人物にちがいありません。したがって次章では欽明＝ワカタケル大王によって起きた日本古代史上最大の辛亥（531年）のクーデタについてお話することにします。ワカタケル大王の辛亥の変を概観すれば正体不明の人物の所在も少しはわかるかもしれません。

第7章　稲荷山鉄剣銘文のワカタケル大王

1　埼玉(さきたま)古墳群

　埼玉(さいたま)という地名は埼玉(さきたま)古墳群の所在する旧地名の埼玉(さきたま)村大字埼玉（行田市）に由来します。115字の銘文入りの鉄剣が発見された稲荷山古墳は前方部を南西にむけた約118mの前方後円墳でした。「でした」というのは、前方部が昭和12年（1937）周辺の沼地の干拓の際に埋め立て用の土として取り崩されたからです。

　稲荷山古墳は埼玉県では2番目に大きい古墳ですが、全国に同じ名称の古墳が多数あるため「埼玉(さきたま)古墳群」の稲荷山古墳と呼ばれています。もともと墳頂部に稲荷社が祀られていたのでこの名がつけられたと言われていますが、その他の稲荷山古墳もその類と思われます。稲荷社の出自は明らかではありませんが、京都市伏見区の秦氏が祀った伏見稲荷大社が総本社とされています。

　稲荷社の祭神は食物神・農業神の倉稲魂(うかのみたま)ですが、その分社が大小ふくめて3万社を越えます。欽明天皇即位元年の冒頭の記事に欽明が幼少のころ「秦(はた)大津父(おほつち)という人物を見出せばきっと天下をとるだろう」という夢を見て、山背国紀伊郡（京都伏見区）で秦大津父を見つけたといいます。この欽明→秦氏→稲荷社の伝承はけっして無下(むげ)に捨てさる話ではないと思います。

　稲荷山古墳は埼玉古墳群の中では一番古く、大仙陵（大山陵、伝仁徳陵）と墳形が似ていると言われています。埼玉古墳群は9基の大型古墳と35基の小型の円墳と1基の方墳から構成されていますが、直径105m、高18mの丸墓山(まるぼ)古墳は全国最大の円墳として知られ、また1590年（天正18）の小田原征伐の際、石田三成が丸墓山古墳の頂上に戦陣を張ったことでも観光客に人気があります。

　この丸墓山古墳と稲荷山古墳の2基は東西にならんで古墳群の一番北に位

置しています。晴れた日に稲荷山古墳の墳頂に立つと、南西方向真正面に富士山を眺めることのできるのは、被葬者の頭が北向き仰向けの姿勢で安置されていたことから、おそらく被葬者ヲワケノ臣は生前に古墳の前方部を富士山の方向に向けて造らせた寿墓ではないかと思わせます。

　昭和43年（1968）埼玉県では国の史跡として指定されていた埼玉古墳群を「さきたま風土記の丘」として整備することになりました。当時、東京大学考古学科の教授斎藤忠（1908-2013）が埼玉県教育員会から学術調査の依頼を受けたのはこの年の7月でした。斎藤忠を調査団長とする県の研究者と東京・埼玉県下の大学生からなる調査隊は、真夏の8月1日から発掘作業を開始します。まもなく後円部の頂上部に二つの郭が見つかりました。一つは粘土郭、もう一つは礫郭です。

　粘土郭のほうは荒らされた状態で見つかり、礫郭よりやや深いところにありました。まだ荒らされていない礫郭からは挂甲（小札をつらねた草ずりのついたよろい）の破片や鉄製太刀片、鎌などが見つかります。

　さらに表土から30cmほど掘り下げると、まわりの石塊の上表面が船形のように現れ、内部に土が堆積しています。床に近づくにつれて副葬品が顔を出し、北寄りに鈴杏葉（馬につける飾り）の一部と、南寄りに挂甲が見つかりました。

　やがて平らな面を表にした状態で銀光りのする白銅の良質の鏡が現れます。その鏡のそばからは1顆の勾玉、2個の銀環も現れます。これらの副葬品は仰臥伸展の姿勢（あおむけの状態）で安置された遺体の頭のあたりに置かれています。

　胸のあたりの部分には着装された状態と思われる帯金具が見つかりました。文様のある鉄板はほとんど乱れていません。右わきに三本の刀、左わきに一本の長い鉾と太刀が置いてあります。その付近には50本に近い鉄鏃（矢じり）がまとまっ

銘文入りの鉄剣が出土した礫郭

て見つかりました。おそらく矢筒か胡籙(右腰に帯びる矢入れ具の一種)に収められていたのでしょう。

一振りの鉄剣がやや足寄りにあります。かなり銹化(錆びている状態)し、鞘の一部も付着したままです。この剣に10年後に銘文が見つかり、大反響を呼ぼうとは発掘当事者の誰一人予測したものはいませんでした。

2 鉄剣銘文はいかに読まれたか

115文字からなる鉄剣銘文が発見されたのは出土してから10年経った昭和53年(1978)、鉄剣の錆び落としの最中でした。というのは発見された鉄剣はさきたま資料館に保存されていましたが、保存処理のためにその他の遺物とともに奈良市の財団法人・元興寺文化財研究所付属設備の埋蔵文化センターに送られます。

そこで樹脂をつかって加工する作業の途中で金象嵌(銅・鉄などの面に模様を刻んで金をはめこむこと)があるらしいということで、レントゲン写真をとることになり、115文字が発見されたのです。

115文字の解読は国立奈良文化財研究所(略称、奈文研)に持ち込まれ、田中稔(当時、同研究所埋蔵文化財センター長)、狩野久(当時、同研究所平城宮跡発掘調査部長)が担当することになります。しかし実際の解読作業は京都大学の日本史の教授であった岸俊男(1920-1980)があたることになりました。

当時、大阪市立大学教授の直木孝次郎(1919-)は奈文研の解読が新聞各紙に発表(9・19~20)される前にレントゲン写真のコピーを見て独自に解読を試みてその感想を9月28日の読売新聞の夕刊に載せます。記事はその後、『歴史と人物』の特集号(後述)に掲載されます。

　　銘文の解読であるが、私は新聞に報道される以前に剣銘の写真のコピーをみることができ、独自に解読をこころみた。九月十九日および二十日の新聞に奈良国立文化財研究所の解読が発表されるまでに全部を読み切ったわけではないが、「獲加多支鹵大王」をワカタケル大王と読

み、日本書紀にみえる大泊瀬幼武をすなわち雄略天皇にあて、「辛亥年」を四七一年にあてることは文化財研究所の解読と一致した。

ちなみに奈文研発表の解読記事のトップを切った毎日新聞夕刊（1978・9・19）は「"空白の五世紀"大きな発見」「稲荷山鉄剣（埼玉）出土に鉄剣から雄略天皇の名解読」と発表、その時点でワカタケル大王＝雄略天皇としています。そして次のようにかなり突っ込んだ内容の解説を載せています。

　　全文解読の結果、これまでホットな論争が続いていた熊本県・江田船山古墳出土の太刀銘文「獲□□□鹵大王」も雄略天皇と解けるほか、広く古代史の解明に大きな影響をおよぼすことは確実で、関係者は「高松塚に勝るとも劣らぬ百年に一度の大発見」と、どよめいている。（略）。「獲加多支鹵大王」は難読で岸教授を悩ませたが、「獲居」（ワケ＝古代姓の一つ）という形でも銘文のなかに出てくるので、「ワカタケル大王」と推定した。もし「ワカタケル大王」ならまず雄略天皇（本名オオハツセワカタケ）しか考えられないが、その上ワカタケル＝雄略とすると、雄略天皇在位中の471年の干支（辛亥）とピッタリ一致する。
　　つまり「この鉄剣は、雄略天皇在世中（推定457-479）、8世紀前から大和朝廷の"杖刀人首"としてつかえてきた武蔵国の国造（知事）オワケノオミが作らせた」と解釈できる。（略）。
　　数年来「倭の五王」は大和朝廷の天皇ではなく、それとは独立した九州王朝の大王だ、とする新説が一部で反響を呼んでいた。また、古代の日朝・日韓の研究者の間には、船山古墳の太刀銘や奈良・石上神宮の七支刀銘を朝鮮から下賜したものと、読む人が多かった。そうした新説や通説をご破算にして古代国家形成の"ナゾの五世紀"の再考を迫る発見、というのが、多くの古代史家、考古学者の意見のようだ。

毎日新聞の夕刊に続く、翌日の朝日・読売の朝刊もワカタケル大王＝雄略天皇一色です。読売新聞は原島礼二（埼玉大学教授・古代史）、上田正昭（京都大学・日本史）、井上光貞（東大名誉教授）のコメントをとっています

第7章　稲荷山鉄剣銘文のワカタケル大王

が、井上光貞は雄略と特定するにはもう少し検討しなければならないと慎重な発言をしています。

ところで岸俊男京大教授の当時の釈文ですが、次に引用した「埼玉県立さきたま史跡の博物館」で配布している現在の公式のパンフレットとほぼ同じです。

　（表）　辛亥年七月中記乎獲居臣上祖名意富比垝其児多加利足尼其児名弖已加利獲居其児名多加披次獲居其児名多沙鬼獲居其児名半弖比
　（裏）　其児名伽差披余其児名呼獲居臣世々為杖刀人首奉事来至今獲加多支鹵大王寺在斯鬼宮時吾左治天下令作此百錬利刀記吾奉事根源也

（訓読文表）　辛亥の年七月中、記す。ヲワケの臣。上祖、名はオホヒコ。其の児、（名は）タカリノスクネ。其の児　名はテヨカリワケ。其の児、名はタカヒ（ハ）シワケ。其の児、名ハタサキワケ。其の児、名はハテヒ。
（訓読文裏）　其の児　名はカサヒ（ハ）ヨ。其の児　名はヲワケの臣。世々　杖刀人の首と為りて、奉事し来り今に至る。ワカタケ（キ）ル（ロ）大王の寺、シキの宮に在る時、吾、天下を左治し、此の百錬の利刀を作らしめ、吾が奉事の根源を記す也。
（『稲荷山古墳出土鉄剣金象嵌銘概報』埼玉県教育委員会編）

（裏）　（表）

毎日新聞の報道をトップとする奈文研の銘文発見の記事が発表されてから約1ヵ月後の1978年10月29日、茨城県勝田市で稲荷山鉄剣銘文の最初の解読者である岸俊男教授を囲んで座談会が開かれます。

座談会の出席者は岸俊男・笹山晴生（当時東京大助教授、日本史）に大塚初重（当時、明治大学教授・考古学）と森浩一（当時、同志社大学教授・考古学）の4人です。そして勝田市で開かれた2ヵ月後に『歴史と人物』（通巻

第89号、昭和54年1月号、中央公論社）の特集号が発売されます。

　特集号の中身は4人の「謎はどう解明されるか」いうタイトルの座談会をトップに、約18人の学者・研究者の論文・エッセイが掲載されます。論者の名をあげると次の通りです。末永雅雄・直木孝次郎・門脇禎二・井上秀雄・斎藤忠・金井塚良一（埼玉県立歴史資料館副館長）・大塚初重・古田武彦・松本健郎（熊本県教育庁文化課技師）・李進熙・坂元義種・川崎真治（歴史言語学者）・藤間生太・佐伯有恒・原島礼二・佐々克明の各氏です。

　「辛亥年＝471年、ワカタケル大王＝雄略天皇」を別にすれば、岸俊男の鉄剣銘文読解は際立っています。しかし岸俊男教授の辛亥年＝471年の根拠は次のような内容です。京都大学教授にして日本古代史の研究でも大きな業績をあげている氏の発言は良くも悪くものちに大きな影響を与えることになります。

　　『日本書紀』は雄略の治世（在位年代）を四五七―四七九年としているが、『宋書』倭国伝に倭王武の上表は順帝の昇明三年（四七八）であり、その前の倭王興は四六二年の遺使後まもなく死んだと推定できるから、辛亥の干支に当る四七一年が倭王武すなわち雄略の治世とした。

　しかしこの「記紀」のみに依存した考察が正しくないことは明白です。事実、稲荷山古墳発掘の当事者であり、数々の古墳や遺跡の発掘経験のある斎藤忠が、「稲荷山古墳群は、6世紀の初めから7世紀の中頃までに築造された古墳群である」とし、立地・墳丘の形態・遺骸埋葬施設および副葬品その他の遺物の総合的な組み合わせから、古墳の実年代は6世紀前半としているからです。

　斎藤忠によると、副葬品の鈴杏葉（馬につけた飾り）・環鈴、挂甲破片や鉄製太刀は明らかに6世紀前半のものです。また、稲荷山古墳の粘土郭と礫槨も、畿内・北九州では箱型・横穴式石室が普及しはじめた段階でも、東国ではまだ用いられていた埋葬施設であったとしています。また辛亥年の鉄剣は粘土郭より新しい礫槨のほうから見つかったということです。

　発掘担当者の斎藤忠は稲荷山古墳の築造年代について6世紀前半が穏当で

第7章 稲荷山鉄剣銘文のワカタケル大王

ないかと具体的に次のように指摘しています。

> 年代の推定は鈴杏葉・環鈴は最も新しいものとして標準なろう。短甲ではなく挂甲(けいこう)が発見されていることも無視できない。しかも近くの小見観音寺古墳からも挂甲が発見されており、あわせてこの古墳からは銅碗も出土している。銅碗は近くの八幡山古墳から出土し、この古墳の巨大石室と乾漆棺片などをあわせて、七世紀に下降することは確かである。
> 画紋帯神獣鏡もまた、東国においてはこれと同笵のものが群馬県高崎市八幡観音塚古墳から出土しており、この古墳もまた七世紀まで下降させてよい。このようないろいろなケースと、比較的年代のさかのぼる遺物や、古式を伝えてまだ横穴式石室を採用しなかった背景をも勘案すると、六世紀前半と考えることが穏当であろう。六世紀前半としても、そのはじめか、中頃か、あるいは終わりに近づくか、なお慎重に考慮しなければならないとしても、このような幅をもたせた年代推定が穏当であろう。

また、斎藤忠が論文の最後に次のよう書いているのは稲荷山鉄剣銘文の「辛亥年」が531年か471年か、またワカタケル大王が雄略天皇かそうでないかを決める上でとても示唆的と言えるでしょう。

> この地域を武蔵の地となし、これらの古墳を国造に関連するとすれば、『日本書紀』「安閑天皇元年（532）の条」の武蔵国造笠原直使主(かさはらのおみあたい)と、上毛野君小熊(つけののきみおぐま)を味方につけた小杵(おぎ)との国造の地位をめぐる事件が登場する。この係争は累年続き、この時に解決したのである。この事件と鉄剣の銘文とをまったく関係ないものとして切り離してよいものであろうか。

結局、このように稲荷山古墳鉄剣銘文は発表の時点で、「辛亥年」と「獲加多支鹵大王」をめぐって考古学の斎藤忠（東大）と文献学の岸俊男（京大）との解釈がわかれることになったのです。

また『邪馬台国はなかった』（朝日新聞社、1971）を出版して以来、九州

王朝説をはじめ列島各地に王権が存在するとした古田武彦は「九月以来、日本列島は鉄剣狂騒曲の渦のなかに巻き込まれたかのようだ。今、新聞記事を読み返して見ても、雄略天皇が日本を統一したといった仰々しい活字が躍り、ジャーナリズムや読解関係者の興奮を反映している」と手厳しい。

また『日本書紀』には天智の弟として書かれている天武（大海人）が実際は天智より年が上であったと指摘して古代史学界の度肝を抜いた元朝日新聞記者で作家の佐々克明も「ルポルタージュ・さきたま風土記の丘」で次のように書いているのが印象的です。

　　もしかしたら、欽明も若いころ（シキ）シマワカタケルなどと呼ばれていたのではないだろうか。あの礫郭、粘土郭がなまなましくよみがえってきた。辛亥ははたして四七一年であろうか。大野教授（筆者註：大野晋のこと）とは別の筋からではあるが、干支一運、六十年下げて五三一年の辛亥に、あの剣をヲワケノオミが作らせたとする。欽明とはどのような接点で結ばれてくるのだろうか。

　　日帰りの車中で、結論がだせるわけがないし、速断は避けるべきであった。ただ一応の起承転結を自分なりにつけてみたかった。私見によると、継体王朝は新羅系で、百済・加羅系の欽明で断絶したとみていた（『天皇家はどこから来たか』二見書房）。

　　そして詳しい説明は避けるが、五三一年に継体天皇が崩じるとクーデタが起り、欽明は『上宮記』の年代記にあるように、その年に大王についた。とすれば、その年は剣の製作年代そのものの辛亥ではないか。ヲワケノオミは、欽明朝に仕えた重臣か、欽明と血縁関係のある王族だったのではなかろうか。そうみれば、墳墓の年代、銘文の意味、鉄剣製作年代が矛盾なく、そっくりおさまってしまいそうである。

また、1998年9月19日の午後に稲荷山鉄剣銘文解読のニュースをある新聞社から電話で知らされた李進熙は、10月3日の読売新聞の夕刊で井上光貞の獲加多支鹵大王＝雄略天皇説を読み違和感を覚えたと記録している。以前から「任那日本府」に異議を申し立てている李進熙にとって、井上光貞

の倭王武＝雄略天皇の上表文に疑義を感じるのは当然のことです。くわしくは氏の『広開土王碑と七支刀』をご覧いただきたい。

3　継体天皇は応神の弟だった

石渡信一郎は1990年に出版した『応神陵の被葬者はだれか』で、岸敏男の「辛亥年＝471年説、雄略天皇＝倭王武説」とその説に追随するか、類似する説について次のように指摘しています。

> 「記紀」は『宋書』などの中国の史書にみえる倭の五王の存在を隠している。だから、通説の応神や仁徳を倭王讃に比定（比べてきめること）し、それによって古墳時代の実年代を求めても成功するはずがない。そこで、「記紀」の記述にとらわれない「辛亥年＝五三一年説」に依拠して、稲荷山古墳の年代を割り出し、それを基準にして、須恵器や土師器(はじき)の編年から古墳時代の開始時期をもとめることにする。

現在、須恵器の編年は田辺昭三（1933-2006）が作成した「須恵器編年表」（『須恵器大成』1981）にもとづいている。この表によると誉田山古墳（伝応神陵）の年代は450年ごろとされている。この誉田山古墳の年代について田辺昭三は次のように書いています。

> 須恵器が生産され始めた年代を五世紀のなかごろとすれば、須恵質埴輪もほぼその年代と相前後して現れたとみてよい。とすれば土師質埴輪と須恵質埴輪が混在する応神陵古墳の築造年代は、五世紀の中ごろから後半期のはじめごろに位置づけることができるのではないかと考える。

土師器(はじき)は弥生式土器につづくもので、焼くときに窯を使わず、ふつう赤褐色で軟質の土器です。須恵器は古墳時代中期にあらわれる陶質土器で青灰色をして、穴窯で1000度以上の温度で焼き、たたくと金属音に近い音がします。

田辺昭三は須恵器の生産が開始された時期を5世紀中ごろとすることによって、誉田山古墳（伝応神陵）の年代を5世紀中ごろから後半の初めごろと位置づけます。しかし田辺昭三が須恵器の生産開始を5世紀中ごろとする主たる根拠は、埼玉古墳群の稲荷山古墳から出土した鉄剣の銘文の「辛亥年=471年説」です。
　田辺昭三は稲荷山古墳出土の須恵器について『須恵器大成』で次のように書いています。

　　その須恵器は高蔵四七型式（TK四七型式）の中でもやや古い型式的特徴をもっている。鉄剣（稲荷山古墳出土）年代を示す辛亥年を四七一年とすれば、高蔵四七型式は四七一年を遡らず、また辛亥年を五三一年とすれば、高蔵四七型式を六世紀中葉頃まで下げなくてはならない。現段階では辛亥年を四七一年とする説にもとづいた年代観をとりたい。

　TK四七型式のTKとは大阪陶邑窯跡群の高蔵寺窯、MT-15は同窯跡群の陶器山窯などの窯の番号を表しています。「TK四七型式」は高蔵寺47号窯で製作された須恵器の型式です。
「辛亥年=471年説」は合理的根拠があるわけではありません。しかし先にあげた『歴史と人物』の特集号の論者のなかで、斎藤忠、古田武彦、井上秀雄、佐々克明、李進熙をのぞく大半の研究者・文献史学者・考古学者は「辛亥年=471年説」を採用しています。言ってみれば多勢に無勢です。
「辛亥年=471年説」のほとんどは、稲荷山鉄剣銘の「獲加多支鹵大王」の「ワカタケル」を「記紀」の雄略の名「大長谷若建」（『古事記』）、「大泊瀬幼武」（『日本書紀』）の「ワカタケ」と同じとし、雄略＝倭王武としています。しかも『日本書紀』の雄略の在位年代（457-479）から、辛亥年=471年としています。
　ちなみに山川出版の高等学校用教科書『改訂版・詳説日本史（日本史B）』（石井進、五味文彦、笹山晴生、高埜利彦ほか7名、2007年発行、2006年検定済）の脚注には次のように書かれています。

第7章　稲荷山鉄剣銘文のワカタケル大王

　『宋書』倭国伝に記されている倭の五王のうち、済とその子である興と武については「記紀」（『古事記』『日本書紀』のこと）にみられる允恭とその子の安康・雄略の各天皇にあてはまることにほとんど異論がないが、讃には応神・仁徳・履中天皇をあてる諸説があり、珍についても仁徳・反正天皇をあてはめる二説がある。

　この教科書の古代史の部は白石太一郎氏（現近つ飛鳥博物館館長）の執筆と推測して間違いはないと思われます。山川出版には『新日本史（日本史B）』（大通透、久留島典子、藤田覚、伊藤之雄著、2007年発行、2003年文部科学省検定済）がありますが、稲荷山鉄剣の辛亥年について次のように書かれています。

　　さらに埼玉県稲荷山（いなりやま）古墳出土の辛亥年（四七一年）銘鉄剣と熊本江田船山古墳出土の鉄刀の銘に「ワカタケル」がみえ、「記紀」が伝える雄略天皇が実在の確かめられるもっとも古い天皇（大王）であり、倭王武も「タケル」の意に漢字をあてたことがわかった。

　この教科書発行当時の執筆者4名のなかで京都大学教授の伊東之尾をのぞいて3人は東京大学教授ですが、古代史の部の執筆者は大津透であることがわかりました。氏の執筆による『古代天皇制を考える』（第八巻共著、講談社「日本の歴史」）、『道長と宮廷社会』（第六巻、講談社「日本歴史」）が筆者の手もとにあるからです。

　さて石渡信一郎が自説の辛亥年=531年にもとづいて作った須恵器年表（112頁、私案）を見ながら話をすすめます。図表を見てもわかるように大山古墳（伝仁徳陵）の実年代は510年前後です。『日本書紀』によればこの年代は継体天皇（在位507-531）に時代にあたります。
　先述しましたように武寧王は523年に亡くなり、その年に王陵に埋葬されます。大山古墳と武寧王陵の副葬品の類似性、武寧王（甥）と継体（叔父）との関係、また両古墳の築造年代がほぼ同じことから武寧王陵と大山古墳

111

須恵器年表試案（石渡信一郎作）

時代	時期	西暦 A.D.	期	型式（陶窯）	円筒埴輪川西編年	古墳その他
古墳時代	前期	450			Ⅱ期	大阪・津堂城山古墳
	中期	500	Ⅰ期	大庭寺窯 TK-73 TK-216 ON-46 TK-208 TK-23	Ⅲ期	大阪・仲津山古墳
						大阪・石津山古墳（伝履中陵）
					Ⅳ期	大阪・誉田山古墳（応神陵）
						大阪・大山古墳（伝仁徳陵） 福岡・石人山古墳
		550		TK-47		埼玉・稲荷山古墳
	後期		Ⅱ期	MT-15 TK-10	Ⅴ期	熊本・江田船山古墳 福岡・岩戸山古墳　愛知・断夫山古墳
		600		TK-43 TK-209		奈良・飛鳥寺（587年）
	終末期		Ⅲ期	TK-217		大阪・狭山池（616年）

（伝仁徳陵）は密接な関係を示しています。したがって武寧王が何歳のときに寿墓を造り始めたのかがわかれば、継体の寿墓の築造年代がわかるはずです。寿墓とは生前の墓（陵）を造っておくことです。

武寧王陵の場合、墓室に「士壬申年作」と刻まれた一枚の磚(せん)（レンガ）が見つかり、この「壬申年＝512年」から武寧王の寿墓の築造開始は511年ごろと推定されています。このことから石渡信一郎は武寧王が50歳のときに寿墓を造り始めたと想定します。そして継体も大山古墳の着工を始めたのは50歳ごろではないかと考えたのです。

『日本書紀』は継体天皇25年（531）に継体が82歳で亡くなったと書いています。そこで531年から逆算すると、継体が50歳になった年は499年、干支己卯(きぼう)の年にあたります。『日本書紀』仁徳天皇67年（379）条に「仁徳が河内の石津原に陵地を定めた」とあります。その379年がちょうど己卯の年です。

第7章　稲荷山鉄剣銘文のワカタケル大王

　『日本書紀』は応神の次の天皇を仁徳としていますが、誉田陵（伝応神陵）の実年代（500年前後）、大山古墳（伝仁徳陵）の実年代（510年代後半）からみて、『日本書紀』編纂者は継体の分身・虚像となる仁徳を創作し、継体の寿墓の着工年の499年を干支2運（120年）繰り上げて仁徳の寿墓の着工年としたと推定することができます。

　それでは誉田山古墳（伝応神陵）の起工年はいつごろになるでしょうか。石渡信一郎は同古墳の築造年代を500年前後と仮定し、推定される工期を約10年から12年をさかのぼる488年から490年とします。そして応神も50歳のとき寿墓を造り始めたと仮定し、応神が生まれた年を438年から440年と想定します。

　『日本書紀』によれば、応神が生まれた年は紀元200年の庚辰(こうしん)年です。もし438年前後に庚辰の年があれば、『日本書紀』は応神の生年を干支4運（240年）繰り上げたとみてよいのです。438年から440年前後に庚辰の年があるでしょうか。440年がまさに庚辰の年です。

　応神の実際の生年は440年の庚辰の年であり、応神が50歳になった年が490年ということがわかります。そこで490年に応神が自分の寿墓である誉田山古墳を作り始めたとし、工期を10年から12年と計算すると、実際の誉田山古墳の築造年代は500年から502年となります。

　『日本書紀』が応神の実際の生年440年（庚辰）を干支四運（240年）繰り上げて200年（庚辰）としているのは、応神の架空の母である神功皇后を卑弥呼に見せかけるためと、応神自身の出自を隠すためです。

　誉田山古墳（伝応神陵）と継体の墳墓である大山古墳（伝仁徳陵）の築造年代が十数年しか離れていないことと、応神と継体の年齢が10歳しか違わないことからも応神の次の大王（天皇）が継体であることは明白です。

　であれば「記紀」の応神と継体の間の10人、すなわち仁徳・履中・反正・允恭・安康・雄略・清寧・顕宗・仁賢・武烈は架空の天皇ということになります。雄略も実在しなかったのですから雄略＝ワカタケル大王説は根底から覆(くつがえ)されます。「記紀」は継体を応神の「5世の孫」（5代目の子孫）と書いていますが、450年前後に生まれた継体が440年に生まれた応神の5世孫であるわけがありません。

113

4 欽明天皇＝ワカタケル大王、辛亥年＝531年

　それでは『日本書紀』編纂者はなぜ応神と継体の出自を隠さなければならなかったのでしょうか。それは継体天皇25年（531。辛亥年）2月7日条の最後の記事に続く次の割注〔　〕の「天皇と太子・皇子は共に薨去された」という記事と関係があります。

　　天皇は病気が重くなった。七日天皇が磐余玉穂宮(いわれたまほみや)で亡くなった。時に八二歳であった。十二月五日藍野陵に葬った〔ある本に、天皇は二十八年歳次庚寅に崩御されたという。しかしながらここに歳次辛亥に崩御されたというのは、百済本記によって記載したのである。その文に「太歳辛亥の三月に、進軍して安羅に着き、乞毛城(こつとくのさし)を造営した。この月に高麗はその王安を殺した。また聞くところでは、日本(やまと)の天皇と太子・皇子は共に薨去された」という。これによると、辛亥の年は二十五年にあたる。後に勘合する者が明らかにするだろう〕。

　この継体紀の最後の割注を読んですぐ理解する人はおそらくまずいないでしょう。『日本書紀』最大の秘密が隠されているからです。最後の行の「日本の天皇と太子・皇子は共に薨去された」を字句通りに解釈すると「継体天皇と安閑・宣化は一緒に死んだ。その年は辛亥年＝531年である」となります。

　継体天皇とともに安閑・宣化が死んだのであれば安閑・宣化は即位するわけがありません。しかし『日本書紀』は継体の次に安閑・宣化が即位したとしています。ところが『日本書紀』は『百済本記』の「継体天皇は辛亥年（531）に亡くなった」という記事は採用しながら「安閑・宣化が亡くなった」という記事は採用していないことになります。

　答えは明らかです。継体の子安閑・宣化は即位しなかったのです。安閑・宣化は辛亥年にワカタケル大王（欽明）に殺害されたからです。なぜ殺されたかと言えば欽明は昆子＝倭王武の晩年の子であり、継体の嫡子ではなかっ

第7章 稲荷山鉄剣銘文のワカタケル大王

たからです。
　辛亥年はすでにお話しました目頰子（めづらこ）という奇妙な名の正体不明の人物が天皇（継体）の命を受けて毛野臣を任那まで迎えに行った翌年にあたります。おそらく正体不明の目頰子＝吉士金＝物部木蓮子＝吉士木蓮子は継体系（旧加羅系）豪族か下士官を意味するシンボリックな名称と考えられます。
　稲荷山鉄剣銘文の主「呼獲居臣（をわけのおみ）」こそ、欽明ことワカタケル大王によって大和から派遣された軍事氏族であり、この争乱を鎮圧したのち武蔵国造として加羅系豪族が拠点とする上毛野を牽制した人物です。太田市（群馬県）周辺で前方後円墳が衰退し始めたころ、行田市周辺に稲荷山古墳が出現し、この地はその後も埼玉古墳群が造営されました。
　呼獲居臣（をわけのおみ）が「辛亥の年七月中、記す。獲加多支鹵大王の寺、斯鬼宮（しきのみや）にあるとき、我天下を左治する」と鉄剣に刻んだのは、辛亥のクーデタで欽明天皇＝ワカタケル大王の親衛隊長として抜群の働きをしたからです。
　稲荷山鉄剣銘文を念頭において『日本書紀』継体天皇元年（507）三月条を読むといくつかの奇妙なことに気づきます。

　　五日、皇后手白香皇女（たしらかのひめみこ）を立てて、後宮で徳教（とっきょう）をほどこして、ついに一人の皇子を生んだ。これを天国排開広庭尊（あめくにおしはらきひろにわ）と申し上げる〔「開」はここではハラキという〕。この方は嫡子であるが、幼少であった。そこで二人の兄の治世の後に、天下を統治された〔二兄は広国排武金日尊（ひろくにおしたけかなひのみこと）と武小広国押盾尊（たけおひろくにおしたてのみこと）である〕。

　この記事からわかることは、継体の皇后手白香（たしらか）皇女は仁賢天皇（億計）の皇女であることや継体天皇に欽明が生まれたときの年齢は58歳前後であったこと、そしてすでに欽明には安閑・宣化という兄がいて、継体即位時の兄安閑の年齢は42歳、弟の宣化の年齢は38歳であることです。
　『日本書紀』は継体が82歳、安閑は70歳、宣化が73歳で死去したと書いていますが、欽明については、「天皇はついに大殿で亡くなった。時に御年若干である」と記すのみです。継体天皇元年３月の記事をよくみると、手白香皇女を皇后に立てたという記事に続いて次のように書かれています。

癸酉（一四日）に、八人の妃をいれた〔八人の妃を召しいれたのは、先にも後にも例があるが、癸酉に召しいれたというのは、天位に付いてよい日を選んでから、はじめて後宮を任じたのでこのような記載になった。他もこれにならえ〕。
　元の妃は尾張連草加の娘で目子媛という。二皇子を生んだ。どちらも天下を統治された。その一子を勾大兄皇子という。これが広国排武金日尊である。その二子を檜隈高田皇子という。これが武小広国押盾尊という。

　割注の「八人の妃を召しいれた云々」の記事がどのような意図で挿入されたのかその真意は不明ですが、安閑・宣化がそれぞれ「勾大兄」と「檜隈高田」という幼少名をもっていて、二人の母が尾張連草加の娘の目子媛であることがわかります。
　しかし皇后手白香皇女が生んだ子でしかも嫡子とされる欽明が、二人の兄がもつ幼少名がなく、年齢も不明というのは欽明が継体の子でなかったことの大きな理由の一つといえます。しかも欽明の母手白香の父仁賢が、「不在天皇10人」のうちの一人であれば、皇后手白香皇女も架空の存在ということになります。
　安閑と宣化の母で「元の妃」という目子媛が継体の本当の后であったとみてよいでしょう。『日本書紀』は目子媛を「尾張連草加の娘」としていますが、『古事記』は目子媛を「尾張連等の祖先、凡連の妹」と書いているので尾張連は崇神王家の後身の尾張連草香＝倭国王済（ほむたわか）で、凡連を草香の子倭国王興としています。
　また欽明天皇即位前紀の「天国排開広庭は男大迹天皇の嫡子で、母は手白香皇后である。父はこの皇子を愛し、いつも側に置いていた」という記事は、欽明が継体の子であることに違和感をもたせます。欽明につきまとう「若年・末子」のイメージは欽明が継体の嫡子ではなく、昆支こと応神天皇晩年の子「ワカタケル」（倭王武の子）いうイメージといかんともしがたく結びついています。

第7章 稲荷山鉄剣銘文のワカタケル大王

　そもそも継体系と昆支系の対立の原因は辛亥のクーデター（531年）にあります。欽明が継体の子で嫡子であるならば、欽明が継体の一族もろとも殺害する必要はありません。石渡信一郎は稲荷山鉄剣銘文の「獲加多支鹵大王」の「ワカタケル」を「タケル（武）の子」と指摘しています。
『日本書紀』が安閑・宣化の名前に「武」と字をわざわざ入れながら、欽明の名前に「武」の字を入れなかったのは、ワカタケル＝欽明ということを知られたくなかったからです。また継体（余紀）が応神＝昆支（余昆）の実弟であることも秘密にする必要があったのです。おそらく前章の正体不明の目頰子（めづらこ）＝吉子金＝物部木蓮子は旧加羅系豪族の下士官と考えられます。石渡信一郎は『ワカタケル大王の秘密』（三一書房）で次のように書いています。

　　欽明は継体の太子の勾大兄（まがりのおおえ）（安閑）や王子の檜隈高田（ひのくま）を（宣化）殺して王位を奪ったが、応神王朝の安定を考えて、即位後に宣化の娘石媛（いしひめ）を后とした。しかし、石姫の死後、蘇我系、実は応神（昆支）系の堅塩媛（きたしひめ）を后としたので、石姫が生んだ敏達と堅塩媛が生んだ用明（馬子）の二つの系統に分かれ、以後この二つの系統による皇位継承をめぐる争いが続いた。587年のいわゆる「蘇我・物部戦争」も645年のクーデタもその争いである。

　645年の乙巳（いっし）のクーデタが継体系王統の中大兄皇子（天智）と旧加羅系渡来集団の祭司氏族を出自とする中臣（藤原）鎌足によって行われたことはご承知の通りです。したがって『日本書紀』はこのクーデタで勝利した継体系王統によって編纂されますが、『古事記』『上宮記』『法王帝説』『元興寺縁起』などもこの継体系王統のもとで7世紀後半から8世紀中頃にかけて編纂されます。
　二上山西山麓の傾斜面谷間の太子町は古来磯長谷（しながだに）とも「王陵の谷」とも呼ばれ、敏達・用明・推古・孝徳天皇と聖徳太子と小野妹子の墓があります。また磯長谷は継体天皇の妃麻績娘女（をみのいらつめ）の父息長真手王（おきながまでのおおきみ）の本拠という説があります。
　磯長谷（しなが）の科長神社の祭神に息長氏の祖息長宿禰王（神功紀に登場、皇后の

父とある）が入っています。石渡信一郎によれば、息長氏の姓「息長」は「オキナガ」と訓まれますが、本来は「息長鳥」の「シナガ」であり、河内の地名「シナガ」（磯長・科長）と同じです。氏の解釈によれば「シナガ」は「新・東」の意の「シ」が「ナカラ」の「ナガ」の語頭についた語で、「新しい南加羅」「東加羅」を意味しています。

　欽明の母弟媛は、興の妹娘であったので応神（昆支・倭王武）のもっとも新しい后です。欽明は昆支大王の晩年の子です。倭王興は477年と478年の間に亡くなっているので弟媛の生年をその少し前とすると弟媛は20歳代に欽明を生んだとみてよいでしょう。

　欽明＝ワカタケル大王が531年の辛亥のクーデタで継体の王子安閑・宣化を殺害して王権を奪取したのは、欽明＝ワカタケル大王が34、5歳のころと考えられ、欽明が生まれたのは495、6年ごろと推定されます。「推定される」というのは、天国排開広庭の和風諡号をもち、かつ金石文の獲加多支鹵大王の実名を持つ大王が死去した時の年齢について『日本書紀』欽明天皇32年（571）条に次のように書いています。

　　四月一五日に天皇は病気になった。皇太子（敏達）は外出されて不在であった。駅馬で呼びに行かせ、寝室に召し入れられた。天皇はその手をとって「私は重病である。後のことはお前に任せる。お前は新羅を討って、任那を建てよ。乱れている両国の仲を一新して、また、かつてのごとく、夫婦のような間柄になれば、死んでも思いの残すことはない」と言った。
　　この月に天皇はついに大殿で亡くなった。時に御年若干である。五月に河内の古市に殯した。八月一日、新羅は弔使を未叱子失消らを派遣して、殯に哀の礼を奉った。九月檜隈坂合陵に葬りまつった。

　先代の安閑・宣化・継体の崩御年月日やその時の年齢は記しているにもかかわらず、欽明天皇に限って記録されないというのは不合理と言わなければなりません。この理由は言わずもがなはっきりしています。亡くなった年を銘記すれば、欽明が稲荷山鉄剣銘文の獲加多支鹵大王であり、531年の辛亥

のクーデタの当事者であったことがわかり、藤原不比等が構想したアマテラスを祖とし神武を初代天皇とする万世一系天皇の物語が崩壊するからです。

第8章　船氏王後墓誌と百済人

1　大和川と石川の合流地点

　JR大阪駅の一番ホームで大和路快速に乗りかえて天王寺、八尾、柏原を過ぎると進行方向左手に生駒山地が迫り、右手車窓には大和盆地から生駒・金剛山脈の峡谷を流れ出る大和川に河内長野の方面からの石川が合流する広大な風景が見えてきます。

　列車は高井田駅あたりから大和川の峡谷をうねりながら王寺、法隆寺を経て奈良駅に36分ほどで到着します。王寺駅を過ぎると大和川はJR関西線から南東に大きくそれ、法隆寺駅で南2kmの広瀬神社の北側を流れます。『日本書紀』天武天皇4年（675）4月10日条に「大忌神を広瀬の河曲に祀った」とありますが、広瀬神社の鎮座する地は奈良県北葛城郡河合町川合と言います。

　この広瀬は『日本書紀』敏達天皇14年（585。干支は乙巳）8月条に天皇（敏達）の殯宮を造ったとあり、このときの誅で蘇我馬子大臣と物部守屋大連が互いに嘲笑し合ったので蘇我・物部仏教戦争の発端となったと言われます。また崇峻天皇（在位587-592）即位前記には次のように書かれています。

　　ここに迹見首赤檮は大連を木の股から射落として大連とその子らを誅
　　殺した。これによって大連の軍はたちまち自滅し、軍兵はみな黒布を着
　　て、広瀬の勾原で狩りをして逃げ散った。
　　この戦役で大連の息子と一族は、ある者は葦原に逃げ隠れ姓名を変え、
　　またある者は逃亡して行方不明になった。時の人は「蘇我大臣の妻は物
　　部守屋大連の妹である。軽々しく妻の計略を用いて、大連を殺したの
　　だ」と語り合った。
　　大臣馬子は乱を平定した後、摂津国に四天王寺を造った。大連の奴の

半分と邸宅とを分けて、大寺の奴・田荘(たどころ)にした。田一万代（約二〇町）を迹見首赤檮に与えられた。蘇我大臣は誓約したとおり飛鳥の地に法興寺（飛鳥寺）を建立した。

　この蘇我馬子と物部守屋との仏教戦争は、実は馬子と敏達天皇の第2子彦人大兄との争いと言われています。つまりこの戦争は物部守屋＝彦人大兄が馬子に殺害されたことを隠しています。ちなみに彦人大兄は舒明天皇の父ですが天智・天武・古人大兄（母は異なる）の祖父にあたります。

　勾原の「勾」ですが継体天皇と目子媛の長子安閑の和風諡号は「勾大兄広国押武金日(まがりのおおえのひろくにおしたけかなひ)」です。安閑天皇元年（532年、干支は壬子）正月条に「大倭国勾金橋に遷した。それを宮の名とした」とあります。『日本書紀』訳者頭注は「勾」を「高市郡金橋村曲川（奈良県橿原市曲町）に推定される」としています。しかし「広瀬の勾原」が現橿原市曲町のあたりであるかどうかは確定できません。

　広瀬神社はその地名が示すように高田川と一緒になった曾我川、大和川・飛鳥川など奈良盆地の北・東・南のほとんどが合流する水神（五穀豊穣の神）を祀る最適の場所にあります。社伝によると崇神天皇9年（BC89年、干支は壬申年）広瀬の河合の広瀬臣藤時に託宣があり、水足池と呼ばれる沼地が一夜で陸地に変わり橘が数多く生えたとあります。

　今日では法隆寺を訪ねる観光客は多数ですが、広瀬神社を訪れる人はまばらです。広瀬神社の東側は大和川に合流する曽我川の河口になり、曾我川の土手を遡ると飛鳥川沿いの多(おお)神社（奈良県磯城郡田原本町）に辿りつきます。その距離はおおよそ12kmほどです。

　さてこれから皆さんにお伝えしようとすることは、大和路快速線のほぼ中間地点に位置するJR高井田駅の東側を流れる大和川左岸の松岳山(まつおかやま)古墳から出土した「船氏王後墓誌」と呼ばれる金石文のことです。JR高井田駅の背後の山の高井田横穴群（平尾山古墳群）は百済系渡来人の群集墳として有名です。

　松岳山古墳は奈良盆地のほとんどすべての水を集めた大和川が金剛・生駒山地の峡谷を蛇行しながら河内平野に抜け出ようとするあたりの国分山（松

岡山）の頂上ちかくにあります。したがって松岳山古墳の墳丘からは眼下に大和川、対岸に生駒山地最南端の高井田横穴群の丘陵地を眺めることができます。

松岳丘山古墳が注目されたのは、江戸時代後期の考証学者藤原貞幹こと藤貞幹（ていかん）（1732-1797）が『好古小録』（1794）に「古市の艮（東北）一里に松岡山といふあり、往年邱陵の崩れしところより、銅牌一枚出でたり、即ちこの船氏史王後首（おびと）の墓誌なり、因みに松岡山は初めて船氏の塋域（墓地）なるを知れり」と記し、その場所を河内国安宿郡国分村としています。

2　江戸後期の考証学者藤原貞幹こと藤貞幹

明治末から大正期にかけて喜田貞吉・梅原末治らが「船氏王後墓誌」が出土したという現地を踏査しましたが、「船氏王後墓誌」と松岳山古墳の年代の相違から直接の結びつきを見つけることができませんでした。さらに昭和29年（1954）から30年にかけて行われた考古学者小林行雄を中心とする大阪府教育委員会は古墳の築造年代を4世紀後半と推定しました。

喜田貞吉は『歴史地理』（第19巻第6号）に「河内国南河内郡のうち旧河内郡国分村（柏原）に一丘陵あり。大和川その東より北の麓を繞（めぐ）り、川を隔てて近く平尾山に対す」と大和川を隔て北方（平尾山）より国分山を望見した図を描いています。

そして「松岡山をもって船氏の墓地なりということは、かつてその墳丘の

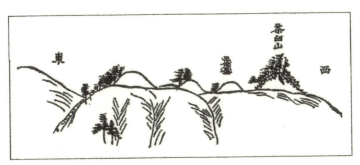

大和川を隔てて北方より国分山を望む（喜田貞吉画）

一つより墓誌を出したるによりて知るを得たり。墓誌は銅版にして、もと河内古市なる西琳寺の蔵なりしが、いま三井源右衛門の有に帰す」と、その所在を次のように書いています。

　さてこの出でたる塚は、松岡山数個の墳丘中に果たしていずれの塚なりや、いまやこれを知れるものなし。されど、藤原貞幹の説として故栗田寛博士の『新選姓氏録考証』に引かれたるところによるに、「藤原貞幹云、大兄刀羅古は辰孫王（百済辰斯王の息子）の子太阿郎王なり。刀羅古太阿郎王俗音近し。太阿郎王の墓は申位（西南西）にあり、王後の墓は寅位（東北東）にあり、故に並作るとは云へるなり」と。

喜田貞吉が疑問とする「船氏王後墓誌」の出土した場所と古墳との位置関係、「船氏王後墓誌」に刻まれた人物名と古墳の関係は後述することにして、「船史王後墓誌」の最初の紹介者にして江戸時代後期の考証学者藤貞幹こと藤原貞幹についてかいつまんで述べておきます。
　これには飛鳥井雅道の「テキストとしての神話」（『人文学報』京都大学人文科学研究所、1995年3月）という最適な論文がありますが、約5万3000字の長大な論文を一言、二言で紹介するには無理がありますので、文意を損ねないように「はしがき」からそのごく一端の引用だけにしておきます。

　一八世紀後半、特に一七七二－八八年代（年号で示せば安永・天明年間）に近づくと、知識人社会は、江戸・京・大阪・名古屋のすべてで一変した。さらにこの時期の特徴は、伊勢松坂といった地方都市で本居宣長が生産性の高い仕事を展開すると、その反響が京・大坂・名古屋にただちにはねかえってゆくところにも現れてくる。
　この稿で分析する本居宣長・上田秋成・また藤原貞幹や市川匡麻呂（ただまろ）の四人は、まったく同世代に属する。最年長の本居宣長が一七三〇年（享保一五）生れなら、藤原貞幹は三二年（享保一七）、上田秋成は三四年（享保一九）、もっとも若い市川匡麻呂も一七四〇年（元文五）生れであり、最大一〇歳の年齢差しかない。

この藤貞幹の著作『衝口発(しょうこうはつ)』に端を発する上田秋成と本居宣長の古代史論争は、『直毘霊(なおびのみたま)』(宣長の神道説・国体観)論争、アマテラス論争、神話論争、『源氏物語』「あわれ」論争に広がり、その論争は近現代へとつながります。
　藤貞幹は徳川将軍家治の治世下の天明8年(1781)に刊行した『衝口発』で「素戔嗚尊(すさのおのみこと)を新羅の王とし、神武紀元を600年下げるべきだ」と書きました。対して本居宣長は『鉗狂人(けんきょうじん)』で「貞幹は事実を捏造して歴史を弄(もてあそ)んでいる」と批判します。やがて上田秋成(1734-1809)が『呵刈葭(かかいか)』で藤貞幹に加勢します。
　『衝口発』を書いた藤貞幹は「おもわず口をついて出た」という意味の今風の「つぶやき＝ツィッター」の元祖のようなものです。『呵刈葭(かかいか)』は上田秋成と本居宣長の往復書簡集のことで、大辞林によると「葭刈(あしか)る」(「悪しかる」をしかる)という意味です。
　「日本文学、その可能性——朝日学術フォーラム」(『愛媛大学教育学部研究紀要』人文・社会学　第三六巻第二号収録)の姜錫元は上田秋成と本居宣長の論争について「皇国の権威を傷つけるを怖れ、古代朝鮮語と古代日本語の問題に正面から立ち向かうことのできなかった宣長の狼狽が目だっている」とその本質を的確にとらえています。

3　船氏王後は百済人であった

　ところで表裏合わせて計162字からなる「船氏王後墓誌」の主、王後(おうご)なる人物は、「王智仁(王辰爾)の孫にあたり、乎婆妥陁天皇(おさだ)の世に生まれ、阿須迦天皇(あ すか)の辛丑の年(かのとうし)(641)の12月3日に死去した」とあります。
　現在、三井記念美術館(東京都中央区日本橋室町2-11-1-1)に所蔵されている「船氏王後墓誌」は、三井家総領家を含む11家のなかの新町家第10代当主旧男爵三井高遂(たかなる)(1896-1986)の寄贈によると伝えられています。しかしそれ以前は西琳寺(大阪府羽曳野市)の什宝(秘蔵)であったといいます。
　「船氏王後墓誌」があったという西琳寺は欽明天皇の勅願寺向原寺が起源とされ、百済系渡来人の王仁(わに)博士の後裔西文(かわちのふみ)の開基とも言われています。向原

西林寺塔礎石

寺については『日本書紀』欽明天皇13年（552）11月条に「天皇は蘇我稲目に試みに仏像を礼拝させた。稲目大臣はたいそう喜んで、小墾田（おわりだ）の家に安置した。ひたすら仏道の修行をし、そのため向原の家を清めて寺とした」と書かれています。この奈良県高市郡明日香村の蘇我稲目が祀った飛鳥川左岸の向原の家はいま豊浦寺跡として観光客をあつめています。また豊浦寺跡は蘇我蝦夷・入鹿の居城、甘樫丘東北の丘陵麓（ふもと）に位置しています。

「西文」は「書首＝文首（ふみのおびと）」とも呼ばれ、河内国古市郡（大阪羽曳野市古市）を中心とする文筆専門の渡来氏族で倭漢（やまとのあや）・鞍作（くらつくり）など軍事氏族と同類の渡来氏族です。河内の「西文」に対して、「東文氏（やまとのふみ）」がありますが、むしろ大和は軍事氏族の「倭漢（やまとのあや）」がよく知られています。

創建時の西琳寺（大阪府羽曳野市古市2-3-2）は難波宮と飛鳥を結ぶ竹内街道に面し、境内の巨大な塔礎石（高さ2m、重さ27トン）は飛鳥時代最大のものです。明治時代の廃仏毀釈によって中世以前の堂塔は喪失、遺物は散逸し、塔礎石だけが残っています。

欽明天皇と仏教受容が切り離せないことを考慮にいれると、王仁博士から大きな影響をうけたという『日本書紀』応神天皇16年（285、干支は乙巳年）2月条に「王仁が来朝した。そこで太子菟道稚郎子（うじのわきいらつこ）が王仁を師として、諸々の典籍を王仁から学んだ」と書かれている菟道稚郎子は欽明の青年期を彷彿とさせます。

ちなみに王仁が西暦285年に来朝した話は史実に反しますので、干支4運240年繰り下げると継体天皇19年の乙巳年（525）に当たりますが、この年には記事がなく、継体7年の癸巳（513年）の6月条に「五経博士段楊爾（だんようじ）を貢上した」とあります。

第8章　船氏王後墓誌と百済人

さて162文字からなる船氏王後墓誌の内容は次の通りです。

　　惟船氏故王後の首は、是船氏の中祖王智仁の首の児那沛故の首の子也。乎婆陁宮に天の下治めたまひし天皇の世に生まれ、等由羅宮に天の下治めたまひし天皇の朝に奉仕す。
　　阿須迦宮に天の下治めたまひし天皇の朝に至り、天皇照見して其の才の異なり仕へて功勲有るを知り、勅して官位大仁を賜ひ、品第三と為す。阿須迦天皇の末、歳は辛丑に次る十二月三日庚寅に殞亡す。
　　故戊辰年一二月、松岳山上に殯葬す。婦安理故能刀自と共に墓を同じくし、其の大兄刀羅子の首の墓と並びて墓を作る也。即ち万代の霊基を安く保ち、永劫の宝地を牢固にせむと為る也。

　墓誌の内容を整理してお伝えすると次のようになります。まず墓誌からわかるのは、この王後なる人物が第16代百済辰斯王（在位385-92）の子王智仁（王辰爾）の孫にあたることです。その王後は乎婆妥陁天皇の世に生まれ、阿須迦天皇の辛丑の年（641）の12月3日に死去します。
　「乎婆陁天皇」の「乎婆陁」は『日本書紀』の敏達天皇（在位572-585）こと訳語田渟中倉太珠敷の「訳語田」とみてとれますが、「阿須迦天皇」は『日本書紀』には見当たりません。
　そこで墓誌には王後が「敏達天皇の世に生まれ、阿須迦天皇の辛丑年（641）の12月3日に亡くなった」とありますので、「王後」が亡くなった時（辛丑年）の倭国の天皇は『日本書紀』記載の天皇舒明（在位629-641）の辛丑年（641）にあたります。しかし舒明が"アスカ"天皇と呼ばれた形跡はありません。また舒明天皇は即位しなかったことも明らかになっています（拙著『日本古代史集中講義』参照）。
　「阿須迦天皇」は「飛鳥」と関係の深い蘇我王朝3代（馬子・蝦夷・入鹿）の蝦夷と考えられます。墓誌を見てもわかるように、等由羅宮は蘇我稲目（馬子の父、欽明天皇と同一人物）が祀った飛鳥川左岸の向原の家すなわち豊浦寺のことです。等由羅宮＝豊浦宮とすると、「豊浦宮」は推古天皇が即位（593年）した豊浦宮（明日香村豊浦）です

ちなみに舒明天皇8年（636、干支は丙申年）7月1日条に「豊浦大臣（蝦夷大臣）」とあり、『日本書紀』推古天皇即位前紀に「一二月八日皇后（推古）は豊浦宮」で天皇の位についた」とあることから、「等由羅宮に天の下治めたまひし天皇」は蘇我蝦夷と考えるのが合理的です（拙著『日本古代史集中講義』参照）。

また「船氏王後墓誌」末尾の「故戊辰年一二月、松岳山上に殯葬す」から「戊辰」は天智天皇7年（668、干支は戊辰）とみてよいでしょう。であれば乙巳年（645）のクーデターで蘇我王朝（馬子・蝦夷・入鹿三代）が滅ぼされたのち、王後と妻安理故能刀自と大兄刀羅子は松岳山に改葬されたと考えることができます。

天智天皇7年（688）1月は、『日本書紀』によれば天智が皇太子から天皇に即位した年で、2月には古人大兄＝大海人皇子（天武）の娘倭姫を皇后としています。翌年、天智は新羅使、遣唐使を派遣して唐・新羅との和解と懐柔を試み、百済人700人を近江国蒲生郡に移住させています。天智は白村江の戦いの敗戦処理を行ったのです。

4 「船氏王後墓誌」の出土地松岳山古墳群

「船氏王後墓誌」の出土地柏原市国分の松岳山古墳群は、近鉄大阪線河内国分駅をはさんで西側にある玉手山古墳群と距離にしてほぼ同じ約800m東の大和川を見下ろす丘陵地にあります。松岳山丘陵南斜面の旧奈良街道沿いに祭神を飛鳥大神＝百済の混伎王とする国分神社が鎮座しています。もう一つ昆支王を祀る飛鳥戸神社が国分神社の南約4キロの近鉄南大阪線上ノ太子駅に近い羽曳野市飛鳥にも鎮座しています。

松岳山古墳群の中央に位置する松岳山古墳（美山古墳）は全長155mの前方後円墳ですが、組合式長持型石棺が出土しています。遺物は玉類・銅鏡・鉄製武器・埴輪などです。花崗岩の石棺蓋石の近くに人の背丈ほどの高さで幅1mの板状の石が2枚立っています。その立石上部中央の2、3cmの丸い穿孔は何のためのものかわかりません。

この穴について喜田貞吉は先の論文で「山頂に平石二面あり。中央に穴を

有し、相対して立つ。貞幹はこれをもって無学の碑なりとし、その『好古日録』に図を出す」と書き、「維新後堺県令某氏（税所篤）、再びこれを発掘して刀剣・珠玉・鏡鑑・土器等種々の副葬品を得たりという」と書いています。ところが発掘か盗掘まがいの某県令はそのあとに墓石を作ります。

喜田貞吉によるとこの墓石は神田孝平が『人類学雑誌』に載せたものです。しかし、喜田貞吉は「貞幹いわゆる無学の碑二枚は今なお旧形のままその前後に相対して立てるなり」と書いています。しかし喜田によれば、その穴の開いた2枚の石板は石棺の蓋を下すさい、突起に掛ける縄を支えるために作ったもので、貞幹が言う「下棺に用いる古制」に類するものです。

松岳山古墳東側の東ノ大塚古墳からは歯車形碧玉製品、松岳山古墳の西側に接する長方形墳茶臼塚古墳の竪穴式石室からは三角縁神獣鏡や碧玉製品、さらに茶臼塚の西方の茶臼山古墳からは三角縁四神四獣鏡と三角縁四神二獣鏡と青蓋盤竜鏡が出土しています。松岳山古墳群から加羅系と百済系の時代が異なる遺物が出土するのは、加羅系渡来集団の後に百済系渡来集団が居住したことを物語っています。

「船氏王後墓誌」銘文との関連でわかったことは『続日本紀』延暦9年（790）7月条に、菅野真道（741-814。『続日本紀』の編纂者）が「自分たちは百済人であり貴須王の五世の子孫である午定君には、味沙・辰爾（智仁）・麻呂（牛）の三子があり、それぞれ白猪（葛井）、船、津の先祖である」という上表文を残していることです。

「船氏王後墓誌」銘文中の「王智仁」と菅野真道よる上表文の「辰爾」が次に引用する『日本書紀』敏達天皇元年（572）5月条の「王辰爾」と同一人物であることがわかります。

　　天皇（敏達）は高麗の上表文をとって大臣（馬子）に手渡した。多くの史（ふひと）を招集して解読させたが、三日かかっても、誰も読めなかった。ここに船史（ふねのふひと）の先祖王辰爾という者がよく読み解いた。天皇と大臣は辰爾を共に賞賛して「見事だ。もし、お前が学問に親しんでいなかったら、誰が解読できたであろうか。これからは殿中に近侍せよ」と言った。

また、それより19年前の『日本書紀』欽明天皇14年（553）6月条には次のように馬子の父稲目の名も登場しています。馬子が稲目の子で、稲目＝欽明天皇であり、馬子がのちに大王になったのであれば、馬子と稲目が登場するこの2つの記事がもつ意味がよく理解できるでしょう。

　　蘇我大臣稲目が勅命を受けて王辰爾を遣わし、船の賦（みつぎ）を記録させた。そして王辰爾を船長とした。そのため姓（かばね）を与えられて船史（ふねのふびと）という。今の船連（ふねのむらじ）の先祖である。

　蘇我馬子と物部守屋＝彦人大兄との仏教戦争後、馬子は飛鳥寺の建立を開始して蘇我王朝三代の始祖として即位します。崇峻・用明・推古は架空の天皇です。船氏王後墓誌の「等由羅宮（とゆら）」は馬子→蝦夷→入鹿と引き継がれます。ちなみに『日本書紀』崇峻天皇5年（592）と推古天皇即位前紀と元年（593）条にかけて次のような記事があります。

　　五年（592）十一月、天皇（崇峻）は大臣馬子宿禰に殺され、皇位が空になった。群臣が渟中倉太珠敷（ぬなくらふとたましき）（敏達天皇のこと）の皇后額田部皇女（ぬかたべ）に、即位を請うたが、皇后は辞退した。百官は上表文を奉ってなおも勧めたところ、三度目にやっと承諾した。この年の冬十二月皇后は豊浦宮で即位した。元年春正月一五日、仏舎利を法興寺の心礎の中に埋めた。

　引用文中の592年の「豊浦宮」について、『日本書紀』訳者頭注には「豊浦寺は向原寺の後身であるが、現在明日香村豊浦に遺跡を残す豊浦寺は豊浦宮の跡に建立された寺と考えられる」とあります。また「法興寺」とは飛鳥寺のことです。向原寺＝豊浦寺は飛鳥寺に対して尼（女）寺として作られた寺です。
　崇峻・用明（馬子の分身）・推古は架空の天皇なので593年に即位したのは蘇我馬子です。飛鳥寺を造ったのは蘇我馬子ですから仏舎利を法興寺（飛鳥寺）の心礎に埋めたのは大王馬子であったと考えてよいのです。

〈付録〉

古代歴代天皇干支表

——初代神武天皇から第44代元正天皇まで

不比等の歴史改作について

　本書付録の『古代歴代天皇干支表』は、『日本書紀』の初代神武から第44代持統まで44代（43人。皇極重祚斉明）の天皇と、『続日本紀』の文武・元明・元正3代（3人）の天皇を加えた47代（46人）の干支表で構成しています。この47人の天皇に神功皇后は入っていますが、弘文天皇（大友皇子）は除外されています。

　大友皇子は天智天皇の第1皇子（母は伊賀采女宅子）ですが、壬申の乱（672年）で大海人（天武天皇）に敗北して自害します。しかし明治3年（1870）、時の政府（太政大臣三条実美）が弘文天皇に諡号を贈ります。

　鎌倉時代の末期の『日本書紀』の注釈書『釈日本紀』（卜部兼方編）所引「私記」（講義の覚書）に、淡海三船が神武天皇から元正天皇までの全天皇と第15帝に数えられていた神功皇后の漢風諡号を一括選進（弘文天皇と天武天皇を除く）したことが記されています。

　淡海三船による一括撰進の時期は、天皇が淳仁（父が舎人親王、母が当麻山背。淡路廃帝、大炊王）、大師（太政大臣）は藤原仲麻呂こと恵美押勝の天平宝字6年（762）ごろとされています。実はその4年前の孝謙天皇が淳仁に譲位した天平宝字2年（758）8月、当時すでに全権を掌握していた大保（右大臣）の藤原仲麻呂は唐風の贈り名（諡号）を聖武と孝謙天皇に贈ったのが最初と言われています。

　「天平宝字2年」は戊戌の年（758）にあたり、しかもちょうど聖武天皇が死んで2年後であり、聖武天皇の娘孝謙天皇（藤原不比等と橘三千代の子光明子。重祚して称徳天皇）が一族の淳仁に位を譲り、実際は上皇として藤原仲麻呂と二人三脚を開始した時です。

　『続日本紀』は、文武天皇元年（697）から桓武天皇延暦10年（791）までの95年間の歴史をあつかった日本の正史（歴史書）です。前半部分（30巻）は光仁天皇の命で石川名足、淡海三船らが編纂事業にかかわりますが、途中、トラブルのため光仁天皇の子桓武の命によって菅野真道らが794年に全40巻を完結します。

　藤原仲麻呂（706-764）は藤原不比等（?-720）の長子武智麻呂（680-738）の次男です。武智麻呂は父不比等のもとで律令の施行に協力しています。「新神祇制度」は大宝律令（現存せず、一部は『続日本紀』などの文献に残存）の改訂として追加修正された法令、格式（律令の補完の法令）の1つの神祇令ですが、未完成のまま不比等は亡くなります。

藤原仲麻呂は、不比等（祖父）と武智麻呂（父）の作った神祇令を受け継ぎ、孝謙天皇天平宝字元年（757）に養老律令（散逸）を施行しますが、日本古代国家の起原など神を人として祭る神祇令の問題の難しさから仲麻呂も新神祇制度について秘密を守ったと考えられます。
　しかし具体的に指摘できる事例があります。文武・元明・元正の実質上の後見人であった藤原不比等は文武天皇8年（704）から元明天皇（709）まで実施された新神祇制度（人と神を祭るシステム＝万世一系天皇）を崇神天皇（在位BC97-BC30）が行ったことにして干支13運（60年×13運）＋10年＝790年さかのぼらせて『日本書紀』崇神紀に挿入します。
　崇神天皇4年（BC94、丁亥年）の10月23日の記事とは次の通りです。

　　4年（丁亥年）10月23日、崇神天皇は「そもそもわが皇祖のすべては天皇が皇位を継ぎ、政事（まつりごと）を行ってきたのは、ただ一身のためではない。思うに人と神を統治し、天下を治めるためである。それゆえによく世々に深遠なる功績を広め、時につけ最上の徳行を天下に流布されたのである。今、私は皇位を継承し、民を愛育することとなった。いかにして、いつまでも皇祖の跡を継承し、永く無窮の皇統を保持すればよいだろうか。それは群卿百僚ら、お前たちが忠誠を尽くし、共に天下を平安にすることが、何より大切であろう」と仰せられた。

「いつまでも皇祖の跡を継承し、永く無窮の皇統を保持すればよいだろうか」という箇所は、大日本帝国憲法（明治憲法）告文（こうぶん）の「天上無窮」や、明治憲法（明治22年）の翌年に公布された『教育勅語』（明治23年）の「天上無窮の皇運を扶翼（ふよく）し」に酷似しています。
　ちなみに「天壌無窮（てんじょうむきゅう）」は、『日本書紀』巻2神代下（第9段）1書第1のアマテラスが皇孫のホノニニギに三種の神器を与えて「葦原千五百秋瑞穂国（あしはらのちいほあきのみずほのくに）」は、我皇孫が君主たるべき地である。汝（なんじ）皇孫よ、行って治めなさい。さあ、行きなさい。宝祚（あまつひつぎ）の栄えることは、天地とともに窮（きわ）まることがないだろう」という言葉に由来します。
　本書付録の「崇神紀」4年（丁亥年）前後の記事をよく御覧ください。藤原不比等の「歴史改作のシステム」（万世一系天皇）の面目躍如たる一端を垣間見ることができます。

天皇名	在位	西暦	干支	天皇名	在位	西暦	干支
神武即位	前記	BC711	庚午			BC681	庚子
		BC710	辛未			BC680	辛丑
		BC709	壬申			BC679	壬寅
		BC708	癸酉			BC678	癸卯
		BC707	甲戌			BC677	甲辰
		BC706	乙亥			BC676	乙巳
		BC705	丙子			BC675	丙午
		BC704	丁丑			BC674	丁未
		BC703	戊寅			BC673	戊申
		BC702	己卯			BC672	己酉
		BC701	庚辰			BC671	庚戌
		BC700	辛巳			BC670	辛亥
		BC699	壬午			BC669	壬子
		BC698	癸未			BC668	癸丑
		BC697	甲申			BC667	甲寅 *1
		BC696	乙酉			BC666	乙卯 *2
		BC695	丙戌			BC665	丙辰
		BC694	丁亥			BC664	丁巳
		BC693	戊子			BC663	戊午 *3
		BC692	己丑			BC662	己未
		BC691	庚寅			BC661	庚申
		BC690	辛卯	神武天皇 1	1年	BC660	辛酉 *4
		BC689	壬辰		2年	BC659	壬戌 *5
		BC688	癸巳		3年	BC658	癸亥
		BC687	甲午		4年	BC657	甲子 *6
		BC686	乙未		5年	BC656	乙丑
		BC685	丙申		6年	BC655	丙寅
		BC684	丁酉		7年	BC654	丁卯
		BC683	戊戌		8年	BC653	戊辰
		BC682	己亥		9年	BC652	己巳

『日本書紀』の記事

*1 10月神日本磐余彦尊、諸皇子を率いて東征につく。

*2 3月吉備国に移り、3年間滞在する。

*3 4月生駒山で長髄彦の反撃に会い苦戦する。

*4 1月1日神日本磐余彦、橿原宮で即位。この年天皇の元年とする。

*5 大来目（大伴氏の遠祖）に畝傍山西の地を与える。

*6 2月斎場を鳥見山に皇祖天神を祭る。

天皇名	在位	西暦	干支	天皇名	在位	西暦	干支
	10年	BC651	庚午		40年	BC621	庚子
	11年	BC650	辛未		41年	BC620	辛丑
	12年	BC649	壬申		42年	BC619	壬寅 *8
	13年	BC648	癸酉		43年	BC618	癸卯
	14年	BC647	甲戌		44年	BC617	甲辰
	15年	BC646	乙亥		45年	BC616	乙巳
	16年	BC645	丙子		46年	BC615	丙牛
	17年	BC644	丁丑		47年	BC614	丁未
	18年	BC643	戊寅		48年	BC613	戊申
	19年	BC642	己卯		49年	BC612	己酉
	20年	BC641	庚辰		50年	BC611	庚戌
	21年	BC640	辛巳		51年	BC610	辛亥
	22年	BC639	壬午		52年	BC609	壬子
	23年	BC638	癸未		53年	BC608	癸丑
	24年	BC637	甲申		54年	BC607	甲寅
	25年	BC636	乙酉		55年	BC606	乙卯
	26年	BC635	丙戌		56年	BC605	丙辰
	27年	BC534	丁亥		57年	BC604	丁巳
	28年	BC533	戊子		58年	BC603	戊午
	29年	BC632	乙丑		59年	BC602	己未
	30年	BC631	庚寅		60年	BC601	庚申
	31年	BC630	辛卯 *7		61年	BC600	辛酉
	32年	BC629	壬辰		62年	BC599	壬戌
	33年	BC628	癸巳		63年	BC596	癸亥
	34年	BC627	甲午		64年	BC597	甲子
	35年	BC626	乙未		65年	BC596	乙丑
	36年	BC625	丙申		66年	BC595	丙寅
	37年	BC624	丁酉		67年	BC594	丁卯
	38年	BC623	戊戌		68年	BC593	戊辰
	39年	BC622	己亥		69年	BC592	己巳

*7　4月腋上の嗛間丘（ほほまのおか）で「虚空（そら）見つ日本（やまと）の国」と歌う。

*8　1月3日神渟名川耳（綏靖）を皇太子とする。

136

天皇名	在位	西暦	干支	天皇名	在位	西暦	干支
	70年	BC591	庚午		21年	BC561	庚子
	71年	BC590	辛未		22年	BC560	辛丑
	72年	BC589	壬申		23年	BC559	壬寅
	73年	BC588	癸酉		24年	BC558	癸卯
	74年	BC587	甲戌		25年	BC557	甲辰 *13
	75年	BC586	乙亥		26年	BC556	乙巳
	76年	BC585	丙子 *9		27年	BC555	丙午
	77年	BC584	丁丑		28年	BC554	丁未
	78年	BC583	戊寅		29年	BC553	戊申
	79年	BC582	己卯		30年	BC552	己酉
綏靖天皇 2	1年	BC581	庚辰 *10		31年	BC551	庚戌
	2年	BC580	辛巳 *11		32年	BC550	辛亥
	3年	BC579	壬午		33年	BC549	壬子 *14
	4年	BC578	癸未 *12	安寧天皇 3	1年	BC548	癸丑 *15
	5年	BC577	甲申		2年	BC547	甲寅 *16
	6年	BC576	乙酉		3年	BC546	乙卯 *17
	7年	BC575	丙戌		4年	BC545	丙辰
	8年	BC574	丁亥		5年	BC544	丁巳
	9年	BC573	戊子		6年	BC543	戊午
	10年	BC572	己丑		7年	BC542	己未
	11年	BC571	庚寅		8年	BC541	庚申
	12年	BC570	辛卯		9年	BC540	辛酉
	13年	BC569	壬申		10年	BC539	壬戌
	14年	BC568	癸巳		11年	BC538	癸亥 *18
	15年	BC567	甲午		12年	BC537	甲子
	16年	BC566	乙未		13年	BC536	乙丑
	17年	BC565	丙申		14年	BC535	丙寅
	18年	BC564	丁酉		15年	BC534	丁卯
	19年	BC563	戊戌		16年	BC533	戊辰
	20年	BC562	乙亥		17年	BC532	己巳

*9 3月橿原宮で崩御（127歳）。畝傍山東北陵に埋葬。

*10 1月庶兄の手研耳を殺害して即位。葛城に都を定める。高丘宮という。

*11 1月五十鈴依媛を皇后とする。磯城玉手看（安寧）。

*12 神八井耳（実兄）薨去。畝傍山の北に葬る。

*13 1月磯城津彦玉手看尊を皇太子とする。

*14 5月病に伏し、崩御（84歳）。

*15 10月神渟名川耳天皇を倭の桃鳥田丘上陵に葬る。

*16 都を片塩（浮孔宮、河内国安宿玉手山）に遷す。

*17 渟名底仲津媛を皇后とする。

*18 大日本彦耜友尊（懿徳）を皇太子とする。

天皇名	在位	西暦	干支	天皇名	在位	西暦	干支
	18年	BC531	庚午		10年	BC501	庚子
	19年	BC530	辛未		11年	BC500	辛丑
	20年	BC529	壬申		12年	BC499	壬寅
	21年	BC528	癸酉		13年	BC498	癸卯
	22年	BC527	甲戌		14年	BC497	甲辰
	23年	BC526	乙亥		15年	BC496	乙巳
	24年	BC525	丙子		16年	BC495	丙午
	25年	BC524	丁丑		17年	BC494	丁未
	26年	BC523	戊寅		18年	BC493	戊申
	27年	BC522	己卯		19年	BC492	己酉
	28年	BC521	庚辰		20年	BC491	庚戌
	29年	BC520	辛巳		21年	BC490	辛亥
	30年	BC519	壬午		22年	BC489	壬子 *22
	31年	BC518	癸未		23年	BC488	癸丑
	32年	BC517	甲申		24年	BC487	甲寅
	33年	BC516	乙酉		25年	BC486	乙卯
	34年	BC515	丙戌		26年	BC485	丙辰
	35年	BC514	丁亥		27年	BC484	丁巳
	36年	BC513	戊子		28年	BC483	戊午
	37年	BC512	己丑		29年	BC482	己未
	38年	BC511	庚寅 *19		30年	BC481	庚申
懿徳天皇 4	1年	BC510	辛卯 *20		31年	BC480	辛酉
	2年	BC509	壬辰 *21		32年	BC479	壬戌
	3年	BC508	癸巳		33年	BC478	癸亥
	4年	BC507	甲午		34年	BC477	甲子 *23
	5年	BC506	乙未			BC476	乙丑
	6年	BC505	丙申	孝昭天皇 5	元年	BC475	丙寅 *24
	7年	BC504	丁酉		2年	BC474	丁卯
	8年	BC503	戊戌		3年	BC473	戊辰
	9年	BC502	己亥		4年	BC472	己巳

*19 12月6日崩御（57歳）。畝傍山南井上陵に埋葬。

*20 2月大日本彦耜友即位。8月磯城津彦玉手看を畝傍山南陰井上陵に葬る。

*21 1月都を軽の曲峡宮（まがりおのみやがり）に遷す。2月天豊津媛命を皇后とする。

*22 2月観松彦香殖稲（みまつひこかえしね）を皇太子（18歳）とする。

*23 9月崩御。翌年畝傍山南山南繊沙渓上陵（まなごたにのうえ）に葬る。

*24 1月観松彦香殖稲（みまつひこかえしね）即位。7月都を掖上（わきがみ）に遷す。

天皇名	在位	西暦	干支	天皇名	在位	西暦	干支
	5年	BC471	庚午		35年	BC441	庚子
	6年	BC470	辛未		36年	BC440	辛丑
	7年	BC469	壬申		37年	BC439	壬寅
	8年	BC468	癸酉		38年	BC438	癸卯
	9年	BC467	甲戌		39年	BC437	甲辰
	10年	BC466	乙亥		40年	BC436	乙巳
	11年	BC465	丙子		41年	BC435	丙午
	12年	BC464	丁丑		42年	BC434	丁未
	13年	BC463	戊寅		43年	BC433	戊申
	14年	BC462	己卯		44年	BC432	己酉
	15年	BC461	庚辰		45年	BC431	庚戌
	16年	BC460	辛巳		46年	BC430	辛亥
	17年	BC459	壬午		47年	BC429	壬子
	18年	BC458	癸未		48年	BC428	癸丑
	19年	BC457	甲申		49年	BC427	甲寅
	20年	BC456	乙酉		50年	BC426	乙卯
	21年	BC455	丙戌		51年	BC425	丙辰
	22年	BC454	丁亥		52年	BC424	丁巳
	23年	BC453	戊子		53年	BC423	戊午
	24年	BC452	己丑		54年	BC422	己未
	25年	BC451	庚寅		55年	BC421	庚申
	26年	BC450	辛卯		56年	BC420	辛酉
	27年	BC449	壬辰		57年	BC19	壬戌
	28年	BC448	癸巳		58年	BC418	癸亥
	29年	BC447	甲午 *25		59年	BC417	甲子
	30年	BC446	乙未		60年	BC416	乙丑
	31年	BC445	丙申		61年	BC415	丙寅
	32年	BC444	丁酉		62年	BC414	丁卯
	33年	BC443	戊戌		63年	BC413	戊辰
	34年	BC442	己亥		64年	BC412	己巳

*25　1月世襲足姫(よしたらし)を皇后とする。

天皇名	在位	西暦	干支	天皇名	在位	西暦	干支
	65年	BC411	庚午		12年	BC381	庚子
	66年	BC410	辛未		13年	BC380	辛丑
	67年	BC409	壬申		14年	BC379	壬寅
	68年	BC408	癸酉 *26		15年	BC378	癸卯
	69年	BC407	甲戌		16年	BC377	甲辰
	70年	BC406	乙亥		17年	BC376	乙巳
	71年	BC405	丙子		18年	BC375	丙午
	72年	BC404	丁丑		19年	BC374	丁未
	73年	BC403	戊寅		20年	BC373	戊申
	74年	BC402	己卯		21年	BC372	己酉
	75年	BC401	庚辰		22年	BC371	庚戌
	76年	BC400	辛巳		23年	BC370	辛亥
	77年	BC399	壬午		24年	BC369	壬子
	78年	BC398	癸未		25年	BC368	癸丑
	79年	BC397	甲申		26年	BC367	甲寅 *30
	80年	BC396	乙酉		27年	BC366	乙卯
	81年	BC395	丙戌		28年	BC365	丙辰
	82年	BC394	丁亥		29年	BC364	丁巳
	83年	BC393	戊子 *27		30年	BC363	戊午
孝安天皇6	1年	BC392	己丑 *28		31年	BC362	己未
	2年	BC391	庚寅 *29		32年	BC361	庚申
	3年	BC390	辛卯		33年	BC360	辛酉
	4年	BC389	壬辰		34年	BC359	壬戌
	5年	BC388	癸巳		35年	BC358	癸亥
	6年	BC387	甲午		36年	BC357	甲子
	7年	BC386	乙未		37年	BC356	乙丑
	8年	BC385	丙申		38年	BC355	丙寅 *31
	9年	BC384	丁酉		39年	BC354	丁卯
	10年	BC383	戊戌		40年	BC353	戊辰
	11年	BC382	己亥		41年	BC352	己巳

*26 1月日本足彦国押人を皇太子とする。
*27 8月天皇5日天皇崩御。
*28 1月日本足彦国押人尊即位する。
*29 10月都を(御所市)に遷す。秋津島宮という。
*30 2月押媛を皇后とする。大日本根子彦太瓊を生む。
*31 8月観松彦香殖稲を掖上博多山上陵に葬る。

天皇名	在位	西暦	干支	天皇名	在位	西暦	干支
	42年	BC351	庚午		72年	BC321	庚子
	43年	BC350	辛未		73年	BC320	辛丑
	44年	BC349	壬申		74年	BC319	壬寅
	45年	BC348	癸酉		75年	BC318	癸卯
	46年	BC347	甲戌		76年	BC317	甲辰 [*32]
	47年	BC346	乙亥		77年	BC316	乙巳
	48年	BC345	丙子		78年	BC315	丙午
	49年	BC344	丁丑		79年	BC314	丁未
	50年	BC343	戊寅		80年	BC313	戊申
	51年	BC342	己卯		81年	BC312	己酉
	52年	BC341	庚辰		82年	BC311	甲戌
	53年	BC340	辛巳		83年	BC310	辛亥
	54年	BC339	壬午		84年	BC309	壬子
	55年	BC338	癸未		85年	BC308	癸丑
	56年	BC337	甲申		86年	BC307	甲寅
	57年	BC336	乙酉		87年	BC306	乙卯
	58年	BC335	丙戌		88年	BC305	丙辰
	59年	BC334	丁亥		89年	BC304	丁巳
	60年	BC333	戊子		90年	BC303	戊午
	61年	BC332	己丑		91年	BC302	己未
	62年	BC331	庚寅		92年	BC301	庚申
	63年	BC330	辛卯		93年	BC300	辛酉
	64年	BC329	壬辰		94年	BC299	壬戌
	65年	BC328	癸巳		95年	BC298	癸亥
	66年	BC327	甲午		96年	BC297	甲子
	67年	BC326	乙未		97年	BC296	乙丑
	68年	BC325	丙申		98年	BC295	丙寅
	69年	BC324	丁酉		99年	BC294	丁卯
	70年	BC323	戊戌		100年	BC293	戊辰
	71年	BC322	己亥		101年	BC292	己巳

[*32]　1月大日本根子彦太瓊を皇太子とする。

天皇名	在位	西暦	干支	天皇名	在位	西暦	干支
	102年	BC291	庚午 *33		30年	BC261	庚子
孝霊天皇 7	1年	BC290	辛未 *34		31年	BC260	辛丑
	2年	BC289	壬申 *35		32年	BC259	壬寅
	3年	BC288	癸酉		33年	BC258	癸卯
	4年	BC287	甲戌		34年	BC257	甲辰
	5年	BC286	乙亥		35年	BC256	乙巳
	6年	BC285	丙子		36年	BC255	丙午 *36
	7年	BC284	丁丑		37年	BC254	丁未
	8年	BC283	戊寅		38年	BC253	戊申
	9年	BC282	己卯		39年	BC252	己酉
	10年	BC281	庚辰		40年	BC251	庚戌
	11年	BC280	辛巳		41年	BC250	辛亥
	12年	BC279	壬午		42年	BC249	壬子
	13年	BC278	癸未		43年	BC248	癸丑
	14年	BC277	甲申		44年	BC247	甲寅
	15年	BC276	乙酉		45年	BC246	乙卯
	16年	BC275	丙戌		46年	BC245	丙辰
	17年	BC274	丁亥		47年	BC244	丁巳
	18年	BC273	戊子		48年	BC243	戊午
	19年	BC272	己丑		49年	BC242	己未
	20年	BC271	庚寅		50年	BC241	庚申
	21年	BC270	辛卯		51年	BC240	辛酉
	22年	BC269	壬辰		52年	BC239	壬戌
	23年	BC268	癸巳		53年	BC238	癸亥
	24年	BC267	甲午		54年	BC237	甲子
	25年	BC266	乙未		55年	BC236	乙丑
	26年	BC265	丙申		56年	BC235	丙寅
	27年	BC264	丁酉		57年	BC234	丁卯
	28年	BC263	戊戌		58年	BC233	戊辰
	29年	BC262	己亥		59年	BC232	己巳

*33　1月9日天皇崩御。9月玉手丘上陵に葬る。
　　 12月皇太子、都を黒に移す。廬戸宮（いおりど）という。
*34　1月4日大日本根子彦太瓊（おおやまとねこひこふとに）即位。
*35　2月細媛（くわしひめ）を皇后とする。
*36　大日本根子彦国牽尊（おおやまとねこひこくにくる）を皇太子とする。

天皇名	在位	西暦	干支	天皇名	在位	西暦	干支
	60年	BC231	庚午		14年	BC201	庚子
	61年	BC230	辛未		15年	BC200	辛丑
	62年	BC229	壬申		16年	BC199	壬寅
	63年	BC228	癸酉		17年	BC198	癸卯
	64年	BC227	甲戌		18年	BC197	甲辰
	65年	BC226	乙亥		19年	BC196	乙巳
	66年	BC225	丙子		20年	BC195	丙午
	67年	BC224	丁丑		21年	BC194	丁未
	68年	BC223	戊寅		22年	BC193	戊申 *42
	69年	BC222	己卯		23年	BC192	己酉
	70年	BC221	庚辰		24年	BC191	庚戌
	71年	BC220	辛巳		25年	BC190	辛亥
	72年	BC219	壬午		26年	BC189	壬子
	73年	BC218	癸未		27年	BC188	癸丑
	74年	BC217	甲申		28年	BC187	庚寅
	75年	BC216	乙酉		29年	BC186	乙卯
	76年	BC215	丙戌 *37		30年	BC185	丙辰
孝元天皇 8	1年	BC214	丁亥 *38		31年	BC184	丁巳
	2年	BC213	戊子		32年	BC183	戊午
	3年	BC212	己丑		33年	BC182	己未
	4年	BC211	庚寅 *39		34年	BC181	庚申
	5年	BC210	辛卯		35年	BC180	辛酉
	6年	BC209	壬申 *40		36年	BC179	壬戌
	7年	BC208	癸巳 *41		37年	BC178	癸亥
	8年	BC207	甲午		38年	BC177	甲子
	9年	BC206	乙未		39年	BC176	乙丑
	10年	BC205	丙申		40年	BC175	丙子
	11年	BC204	丁酉		41年	BC174	丁卯
	12年	BC203	戊戌		42年	BC173	戊辰
	13年	BC202	乙亥		43年	BC172	己巳

*37 2月天皇崩御。
*38 1月天皇即位。
*39 3月都を軽の地に遷す。境原宮という。
*40 9月大日本根彦太瓊天皇を片丘馬坂陵に葬る。
*41 2月鬱色謎命(うつくしめのみこと)を皇后とする。
*42 稚日本根子彦大日日尊(わかやまとねこおおびびの)を皇太子とする。

天皇名	在位	西暦	干支	天皇名	在位	西暦	干支
	44年	BC171	庚午		17年	BC141	庚子
	45年	BC170	辛未		18年	BC140	辛丑
	46年	BC169	壬申		19年	BC139	壬寅
	47年	BC168	癸酉		20年	BC138	癸卯
	48年	BC167	甲戌		21年	BC137	甲辰
	49年	BC166	乙亥		22年	BC136	乙巳
	50年	BC165	丙子		23年	BC135	丙午
	51年	BC164	丁丑		24年	BC134	丁未
	52年	BC163	戊寅		25年	BC133	戊申
	53年	BC162	己卯		26年	BC132	己酉
	54年	BC161	庚辰		27年	BC131	庚戌
	55年	BC160	辛巳		28年	BC130	辛亥 *47
	56年	BC159	壬午		29年	BC129	壬子
	57年	BC158	癸未 *43		30年	BC128	癸丑
開化天皇 9	1年	BC157	甲申 *44		31年	BC127	甲寅
	2年	BC156	乙酉		32年	BC126	乙卯
	3年	BC155	丙戌		33年	BC125	丙辰
	4年	BC154	丁亥		34年	BC124	丁巳
	5年	BC153	戊子 *45		35年	BC123	戊午
	6年	BC152	己丑 *46		36年	BC122	己未
	7年	BC151	庚寅		37年	BC121	庚申
	8年	BC150	辛卯		38年	BC120	辛酉
	9年	BC149	壬辰		39年	BC119	壬戌
	10年	BC148	癸巳		40年	BC118	癸亥
	11年	BC147	甲午		41年	BC117	甲子
	12年	BC146	乙未		42年	BC116	乙丑
	13年	BC145	丙申		43年	BC115	丙寅
	14年	BC144	丁酉		44年	BC114	丁卯
	15年	BC143	戊戌		45年	BC113	戊辰
	16年	BC142	己亥		46年	BC112	己巳

*43 9月天皇崩御。11月稚日本根子彦大日日尊即位。
*44 10月13日都を春日（現奈良市）に遷す。率川宮（いざかわ）という。
*45 2月大日本根子彦国牽天皇を剣池島上陵（橿原市石川町）に葬る。
*46 伊香色謎命（いかがしこめ）を皇后とする。
*47 1月御間城入彦五十瓊殖尊（みまきいりひこいにえ）（崇神）を皇太子とする。

天皇名	在位	西暦	干支	天皇名	在位	西暦	干支
	47年	BC111	庚午		17年	BC81	庚子 *58
	48年	BC110	辛未		18年	BC80	辛丑
	49年	BC109	壬申		19年	BC79	壬寅
	50年	BC108	癸酉		20年	BC78	癸卯
	51年	BC107	甲戌		21年	BC77	甲辰
	52年	BC106	乙亥		22年	BC76	乙巳
	53年	BC105	丙子		23年	BC75	丙午
	54年	BC104	丁丑		24年	BC74	丁未
	55年	BC103	戊寅		25年	BC73	戊申
	56年	BC102	己卯		26年	BC72	己酉
	57年	BC101	庚辰		27年	BC71	庚戌
	58年	BC100	辛巳		28年	BC70	辛亥
	59年	BC99	壬午		29年	BC69	壬子
	60年	BC98	癸未 *48		30年	BC68	癸丑
崇神天皇 10	1年	BC97	甲申 *49		31年	BC67	甲寅
	2年	BC96	乙酉		32年	BC66	乙卯
	3年	BC95	丙戌		33年	BC65	丙辰
	4年	BC94	丁亥 *50		34年	BC64	丁巳
	5年	BC93	戊子 *51		35年	BC63	戊午
	6年	BC92	癸丑 *52		36年	BC62	己未
	7年	BC91	庚寅 *53		37年	BC61	庚申
	8年	BC90	辛卯		38年	BC60	辛酉
	9年	BC89	壬辰 *54		39年	BC59	壬戌
	10年	BC88	癸巳 *55		40年	BC58	癸亥
	11年	BC87	甲午 *56		41年	BC57	甲子
	12年	BC86	乙未 *57		42年	BC56	乙丑
	13年	BC85	丙申		43年	BC55	丙寅
	14年	BC84	丁酉		44年	BC54	丁卯
	15年	BC83	戊戌		45年	BC53	戊辰
	16年	BC82	己亥		46年	BC52	己巳

*48 4月崩御（115歳）。10月春日率川坂本陵に葬る。

*49 1月天皇即位。2月御間入姫を皇后とする。

*50 天皇、人と神を統治して天壌無窮の皇紀を詔する。

*51 国内に疫病が発生、死者人口の半数におよぶ。

*52 天照大神と倭大国魂の2神を祭るが、豊鋤入姫に託して天照大神を倭の笠縫（三輪の檜原神社）に移し、日本（倭）大国魂神を渟名城入姫に託して祭らせる。

*53 2月大物主神、倭迹迹日襲姫に乗り移り託宣する。11月大田田根子を大物主神を祭る神主とし、長尾市を倭大国魂神を祭る神主とする。疫病終息する。

*54 4月墨坂神・大坂神を祭り、赤盾・黒矛を奉納する。

*55 9月大彦命を北陸道、武渟川別を東海道、吉備津彦を西道（山陽道）、丹波道主を丹波（山陰道）に遣わす。武埴安彦の謀反発覚し、射殺される。この後、倭迹迹日襲姫、大物主の妻となる。

*56 10月四道将軍、戎夷の平定を奏上。

*57 9月戸籍調査。御肇国天皇と讃えられる。

*58 10月船舶を建造する。

天皇名	在位	西暦	干支	天皇名	在位	西暦	干支
	47年	BC51	庚午		9年	BC21	庚子
	48年	BC50	辛未 *59		10年	BC20	辛丑
	49年	BC49	壬申		11年	BC19	壬寅
	50年	BC48	癸酉		12年	BC18	癸卯
	51年	BC47	甲戌		13年	BC17	甲辰
	52年	BC46	乙亥		14年	BC16	乙巳
	53年	BC45	丙子		15年	BC15	丙午 *70
	54年	BC44	丁丑		16年	BC14	丁未
	55年	BC43	戊寅		17年	BC13	戊申
	56年	BC42	己卯		18年	BC12	己酉
	57年	BC41	庚辰		19年	BC11	庚戌
	58年	BC40	辛巳		20年	BC10	辛亥
	59年	BC39	壬午		21年	BC9	壬子
	60年	BC38	癸未 *60		22年	BC8	癸丑
	61年	BC37	甲申		23年	BC7	甲寅 *71
	62年	BC36	乙酉 *61		24年	BC6	乙卯 *72
	63年	BC35	丙戌		25年	BC5	丙辰
	64年	BC34	丁亥		26年	BC4	丁巳 *73
	65年	BC33	戊子 *62		27年	BC3	戊午 *74
	66年	BC32	己丑		28年	BC2	己未 *75
	67年	BC31	庚寅		29年	BC1	庚申 *76
	68年	BC30	辛卯 *63		30年	1	辛酉 *77
垂仁天皇11	1年	BC29	壬辰 *64		31年	2	壬戌
	2年	BC28	癸巳 *65		32年	3	癸亥 *78
	3年	BC27	甲午 *66		33年	4	甲子
	4年	BC26	乙未 *67		34年	5	乙丑 *79
	5年	BC25	丙申 *68		35年	6	丙寅 *80
	6年	BC24	丁酉		36年	7	丁卯 *81
	7年	BC23	戊戌 *69		37年	8	戊辰 *82
	8年	BC22	己亥		38年	9	己巳

*59 4月活目入彦五十狭茅尊を皇太子とする。豊城命に東国を治めさせる。上毛野君・下毛野君の始祖となる。

*60 7月飯入根、出雲の神宝を献上する。兄出雲振根、弟飯入根を謀殺するが、朝廷に誅罰される。

*61 7月依網池を造る。11月苅坂池・反折池を造る。

*62 7月任那の使者蘇那曷叱知、朝貢する。

*63 12月5日天皇崩御（120歳）。

*64 1月天皇即位。10月御間城入彦五十瓊天皇を山辺道上陵に葬る。

*65 2月狭穂姫を皇后とする。纏向に都を造る。珠城宮という。

*66 3月新羅の王子天日槍来朝する。

*67 9月狭穂彦王、妹の狭穂姫に天皇の暗殺を示唆する。

*68 10月狭穂彦王の謀反発覚。狭穂姫とともに稲城で死す。

*69 7月野見宿禰、当麻蹴速を相撲で蹴殺す。

*70 2月丹波の5人の女を後宮に入れる。8月日葉酢媛命を皇后とする。

*71 狭穂姫の子誉津別（30歳）と白鳥を見てものを言う。

*72 3月大和姫に託して天照大神を伊勢の五十鈴川のほとりに祠を立てる。

*73 8月物部十千根に命じて出雲の神宝を検校する。

*74 8月兵器もって天神地祇を祭り、神地・神戸を定める。この年、屯倉を来目邑に設ける。

*75 11月天皇の弟大和彦薨去。殉死を禁ずる。

*76 五十瓊敷入彦と大足彦を諮り、大足彦を褒める。

*77 1月6日六日天皇（垂仁）は子の五十瓊敷命（兄）・

天皇名	在位	西暦	干支	天皇名	在位	西暦	干支
	39年	10	庚午 *83		69年	40	庚子
	40年	11	辛未		70年	41	辛丑
	41年	12	壬申		71年	42	壬寅
	42年	13	癸酉		72年	43	癸卯
	43年	14	甲戌		73年	44	甲辰
	44年	15	乙亥		74年	45	乙巳
	45年	16	丙子		75年	46	丙午
	46年	17	丁丑		76年	47	丁未
	47年	18	戊寅		77年	48	戊申
	48年	19	己卯		78年	49	己酉
	49年	20	庚辰		79年	50	庚戌
	50年	21	辛巳		80年	51	辛亥
	51年	22	壬午		81年	52	壬子
	52年	23	癸未		82年	53	癸丑
	53年	24	甲申		83年	54	甲寅
	54年	25	乙酉		84年	55	乙卯
	55年	26	丙戌		85年	56	丙辰
	56年	27	丁亥		86年	57	丁巳
	57年	28	戊子		87年	58	戊午 *84
	58年	29	己丑		88年	59	己未 *85
	59年	30	庚寅		89年	60	庚申
	60年	31	辛卯		90年	61	辛酉 *86
	61年	32	壬辰		91年	62	壬戌
	62年	33	癸巳		92年	63	癸亥
	63年	34	甲午		93年	64	甲子
	64年	35	乙未		94年	65	乙丑
	65年	36	丙申		95年	66	丙寅
	66年	37	丁酉		96年	67	丁卯
	67年	38	戊戌		97年	68	戊辰
	68年	39	己亥		98年	69	己巳

大足彦尊（弟）を招き、大足彦（景行）を皇位継承者とする。

*78　7月日葉酢媛の陵墓に埴輪を立てる。

*79　山背の綺戸部を後宮に入れる。

*80　9月五十瓊敷命に河内の高石池・茅渟池を造らせる。10月や倭の狭城池・迹見池を造らせる。この年諸国に池を造らせる。

*81　大足彦（景行）を皇太子とする。

*82　1月大足彦忍代別尊を皇太子とする。

*83　10月五十瓊敷命（いにしきのみこと）は、茅渟の菟砥川上宮で剣一千振を作り、石上神宮（いそのかみ）に納める。

*84　2月石上の神宝を物部十千根に授け治めさせる。

*85　天日槍の祖孫清彦に但馬国より神宝を献上させる。

*86　2月田道間守（たじまもり）に命じて常世国（とこよ）の非時香菓（ときじくのかくのみ）（橘の実）

天皇名	在位	西暦	干支		天皇名	在位	西暦	干支
	99年	70	庚午 *87			30年	100	庚子
景行天皇12	1年	71	辛未 *88			31年	101	辛丑
	2年	72	壬申 *89			32年	102	壬寅
	3年	73	癸酉			33年	103	癸卯
	4年	74	甲戌 *90			34年	104	甲辰
	5年	75	乙亥			35年	105	乙巳
	6年	76	丙子			36年	106	丙午
	7年	77	丁丑			37年	107	丁未
	8年	78	戊寅			38年	108	戊申
	9年	79	己卯			39年	109	己酉
	10年	80	庚辰			40年	110	庚戌 *98
	11年	81	辛巳			41年	111	辛亥
	12年	82	壬午 *91			42年	112	壬子
	13年	83	癸未			43年	113	癸丑 *99
	14年	84	甲申			44年	114	甲寅
	15年	85	乙酉			45年	115	乙卯
	16年	86	丙戌			46年	116	丙辰
	17年	87	丁亥			47年	117	丁巳
	18年	88	戊子			48年	118	戊午
	19年	89	己丑 *92			49年	119	己未
	20年	90	庚寅 *93			50年	120	庚申
	21年	91	辛卯			51年	121	辛酉 *100
	22年	92	壬辰			52年	122	壬戌 *101
	23年	93	癸巳			53年	123	癸亥 *102
	24年	94	甲午			54年	124	甲子 *103
	25年	95	乙未 *94			55年	125	乙丑 *104
	26年	96	丙申			56年	126	丙寅 *105
	27年	97	丁酉 *95			57年	127	丁卯 *106
	28年	98	戊戌 *97			58年	128	戊辰 *107
	29年	99	己亥			59年	129	己巳

*87 7月天皇、纏向宮で崩御（140歳）。12月菅原伏見陵に葬る。
*88 3月田道間守帰国、天皇（垂仁）の陵の前で自殺する。7月大足彦忍代別、即位する。
*89 3月播磨稲日大郎姫を皇后とする。
*90 2月美濃に行幸。八坂入彦皇子の娘八坂入姫を妃とする。11月巻向に都をつくる。
*91 7月熊襲征伐のため九州に巡行する。
*92 9月九州巡行を終え、日向から帰還。
*93 五百野皇女を派遣し、天照大神を祭らせる。
*94 7月武内宿禰を派遣し、北陸・東陸を視察させる。
*95 8月熊襲再び背く。10月日本武尊を派遣し熊襲を征討させる。
*97 2月日本武尊、熊襲平定を報告する。
*98 10月日本武尊、蝦夷征討に出発する。途中、伊勢神宮の叔母倭姫命より草薙剣を授かる。
*99 この年、日本武尊蝦、夷征討の帰途、伊勢国の能褒野で薨ずる。年30歳。能褒野陵に葬るが、白鳥となり倭国に飛ぶ。白鳥陵を造り、武部を定める。
*100 8月稚足彦尊を皇太子とする（成務前紀で46歳）。
*101 5月播磨稲日大郎姫薨去。7月八坂入姫を皇后とする。
*102 8月天皇、東国に巡行。12月伊勢に滞在。
*103 9月天皇、伊勢から倭(やまと)に帰還
*104 2月彦狭島王を東山道15国の総督に任命するが、春日で薨去。
*105 8月彦狭島王の子御諸別王に東国を治めさせる。
*106 9月坂手池を造る。10月諸国に命じて田部・屯倉を定める。
*107 2月近江国に行幸。滋賀に滞在する。高穴穂宮という。

天皇名	在位	西暦	干支	天皇名	在位	西暦	干支
	60年	130	庚午 [108]		30年	160	庚子
成務天皇 13	1年	131	辛未 [109]		31年	161	辛丑
	2年	132	壬申 [110]		32年	162	壬寅
	3年	133	癸酉 [111]		33年	163	癸卯
	4年	134	甲戌		34年	164	甲辰
	5年	135	乙亥 [112]		35年	165	乙巳
	6年	136	丙子		36年	166	丙午
	7年	137	丁丑		37年	167	丁未
	8年	138	戊寅		38年	168	戊申
	9年	139	己卯		39年	169	己酉
	10年	140	庚辰		40年	170	庚戌
	11年	141	辛巳		41年	171	辛亥
	12年	142	壬午		42年	172	壬子
	13年	143	癸未		43年	173	癸丑
	14年	144	甲申		44年	174	甲寅
	15年	145	乙酉		45年	175	乙卯
	16年	146	丙戌		46年	176	丙辰
	17年	147	丁亥		47年	177	丁巳
	18年	148	戊子		48年	178	戊午 [113]
	19年	149	己丑		49年	179	己未
	20年	150	庚寅		50年	180	庚申
	21年	151	辛卯		51年	181	辛酉
	22年	15	壬辰		52年	182	壬戌
	23年	153	癸巳		53年	183	癸亥
	24年	154	甲午		54年	184	甲子
	25年	155	乙未		55年	185	乙丑
	26年	156	丙申		56年	186	丙寅
	27年	157	丁酉		57年	187	丁卯
	28年	158	戊戌		58年	188	戊辰
	29年	159	己亥		59年	189	己巳

[108] 11月日天皇高穴穂宮で崩御（106歳）。
[109] 1月稚足彦尊即位。
[110] 大足彦忍代別天皇を山辺道上陵に葬る。
[111] 武内宿禰（天皇と同日に誕生）を大臣とする。
[112] 9月諸国に命じて国郡に造長立て、県邑に稲置を置く。
[113] 3月甥の足仲彦尊（日本武尊の子仲哀）を皇太子とする。

天皇名	在位	西暦	干支	天皇名	在位	西暦	干支
	60年	190	庚午 *114		20年	220	庚子
		191	辛未		21年	221	辛丑
仲哀天皇 14	1年	192	壬申 *115		22年	222	壬寅
	2年	193	癸酉 *116		23年	223	癸卯
	3年	194	甲戌		24年	224	甲辰
	4年	195	乙亥		25年	225	乙巳
	5年	196	丙子		26年	226	丙午
	6年	197	丁丑		27年	227	丁未
	7年	198	戊寅		28年	228	戊申
	8年	199	己卯 *117		29年	229	己酉
	9年	200	庚辰 *118		30年	230	庚戌
神功皇后	1年	201	辛巳 *119		31年	231	辛亥
	2年	202	壬午 *120		32年	232	壬子
	3年	203	癸未 *121		33年	233	癸丑
	4年	204	甲申		34年	234	甲寅
	5年	205	乙酉 *122		35年	235	乙卯
	6年	206	丙戌		36年	236	丙辰
	7年	207	丁亥		37年	237	丁巳
	8年	208	戊子		38年	238	戊午
	9年	209	己丑		39年	239	己未 *124
	10年	210	庚寅		40年	240	庚申 *125
	11年	211	辛卯		41年	241	辛酉
	12年	212	壬辰		42年	242	壬戌
	13年	213	癸巳 *123		43年	243	癸亥 *126
	14年	214	甲午		44年	244	甲子
	15年	215	乙未		45年	245	乙丑
	16年	216	丙申		46年	246	丙寅 *127
	17年	217	丁酉		47年	247	丁卯 *128
	18年	218	戊戌		48年	248	戊辰
	19年	219	己亥		49年	249	己巳 *129

*114 9月崩御(年106歳)。翌年、倭国狭城盾列陵に葬むる。

*115 1月足仲彦天皇即位。

*116 気長足姫を皇后とする。2月淡路の屯倉を定める。3月天皇熊襲征討に出発する。9月穴門に豊浦宮に滞在する。

*117 1月筑紫国の橿日宮に滞在する。9月神託を疑い熊襲征討に失敗する。このころ皇后身籠る。

*118 2月5日突然の体力の衰えに襲われ翌日崩御(年52歳)。10月皇后新羅を征討。12月新羅より帰還。筑紫の誉田別(応神)を生む。

*119 2月凱旋の途次、麛坂・忍熊王の反乱に遭遇。10月皇后(神功)、皇太后となる。この年を摂政元年とする。

*120 11月天皇(仲哀)を河内国長野陵に葬る。

*121 誉田別皇子を皇太子とする。磐余に都を造る。

*122 3月新羅の使者、葛城襲津彦を騙し人質微叱伐旱を奪還する。

*123 武内宿禰を皇太子に付き従わせ角鹿の笥飯大神に参拝する。

*124 この歳条に『魏志』倭人伝、明帝景初3年6月条を引用。

*125 この歳条に『魏志』倭人伝、正始元年条を引用。

*126 この歳条に『魏志』倭人伝、正始4年条を引用。

127 3月斯摩宿禰を卓淳国(現慶尚南道大廷)に派遣する。

128 4月百済・新羅ともに朝貢する。千熊長彦を新羅に派遣し献上物のすり替えを責める。

*129 3月荒田別・鹿我別を将軍に任じ、新羅を征討する。

天皇名	在位	西暦	干支	天皇名	在位	西暦	干支
	50年	250	庚午 *130		11年	280	庚子 *145
	51年	251	辛未		12年	281	辛丑
	52年	252	壬申 *131		13年	282	壬寅
	53年	253	癸酉		14年	283	癸卯 *146
	54年	254	甲戌		15年	284	甲辰 *147
	55年	255	乙亥		16年	285	乙巳 *148
	56年	256	丙子 *133		17年	286	丙午
	57年	257	丁丑		18年	287	丁未
	58年	258	戊寅		19年	288	戊申
	59年	259	己卯		20年	289	己酉 *149
	60年	260	庚辰		21年	290	庚戌
	61年	261	辛巳		22年	291	辛亥 *150
	62年	262	壬午 *134		23年	292	壬子
	63年	263	癸未		24年	293	癸丑
	64年	264	甲申 *135		25年	294	甲寅 *151
	65年	265	乙酉 *136		26年	295	乙卯
	66年	266	丙戌 *137		27年	296	丙辰
	67年	267	丁亥		28年	297	丁巳 *152
	68年	268	戊子		29年	298	戊午
	69年	269	己丑 *138		30年	299	己未
応神天皇 15	1年	270	庚寅 *139		31年	300	庚申 *153
	2年	271	辛卯 *140		32年	301	辛酉
	3年	272	壬辰 *141		33年	302	壬戌
	4年	273	癸巳		34年	303	癸亥
	5年	274	甲午 *142		35年	304	甲子
	6年	275	乙未		36年	305	乙丑
	7年	276	丙申 *143		37年	306	丙寅 *154
	8年	277	丁酉 *144		38年	307	丁卯
	9年	278	戊戌		39年	308	戊辰 *155
	10年	279	己亥		40年	309	己巳 *156

*130 2月荒田別ら帰朝する。5月千熊長彦・久氐らに付き添わせて百済に遣わす。

*131 9月百済の久氐、千熊長彦ともに来朝、七枝刀など献上する。

*132 この年、百済の肖古王薨ずる。

*133 この年、百済の王子貴須、王となる。

*134 この年、新羅朝貢せず。襲津彦を派遣して新羅を攻撃させる。

*135 この年、百済貴須王薨去、王子枕流王即位。

*136 この年、百済の枕流王薨ずる。王子阿花年少のため辰斯、王位を奪う。

*137 この年の条、晋の『起居注』武帝泰初2年条を引用。

*138 4月皇太后、若桜宮で崩御（年100歳）。狭城盾列陵に葬る。

*139 1月誉田別尊即位。

*140 3月仲姫（なかつひめ）を皇后とする。

*141 東の蝦夷こぞって朝貢する。蝦夷に厩坂道を造らせる。11月各地の海人が騒ぐ。大浜宿禰を派遣して平定。この年、百済、辰斯王を殺し、阿花が王となる。

*142 8月諸国に命じて海人部と山人部を定める。10月伊豆国に命じて船を造らせ、枯野と名付ける。

*143 9月高麗人・百済人・任那人・新羅人が来朝。武内宿禰に命じて韓人らに池を造らせる。韓国人池という。

*144 百済記に「阿花王が即位して貴国日本に礼を欠いた。それでわが枕弥多礼と峴南・支侵・谷那の東韓の地を天朝にさしだした」

151

- *145　剣池・軽池・鹿垣池(ししがき)・厩坂池(うまやさか)を造る。
- *146　2月百済王が縫衣工(きぬぬいのおみな)貢上する。この年弓月君(ゆづきのきみ)がやってきて「私は自分の国の人夫120県分を率いて来帰しました。ところが新羅人が妨げましたので、人夫はみな加羅国に留まっています」と報告する。
- *147　8月百済王が阿直岐(あちき)を派遣して良馬を2匹献上す。馬の飼育した所を名付けて厩坂という。阿直岐はまた経典をよく読んだ。太子菟道稚郎子(ひつぎのみこうぢのわきいらつこ)は阿直岐を師とした。「そなたより優れた学者がいるか」と問われた阿直岐は「王仁(わに)です」と答える。
- *148　2月王仁来朝する。太子菟道稚郎子王仁を師とし典籍を学ぶ。
- *149　9月倭漢直(やまとのあやのあたい)の祖阿知使主とその子都加使主とが共に17県の自分の党類を率いて来朝する。
- *150　難波の大隅宮に滞在する。4月兄媛を吉備に派遣する。9月淡路島・吉備・小豆島を巡行する。
- *151　この年百済の直支王薨去。その子久爾王が即位する。
- *152　9月高麗王が朝貢する。その上表文に「高麗王が日本に教える」とあるので、太子菟道稚郎子は「礼を逸している」として上表文を破棄する。
- *153　官船枯野を焼き五百個籠の塩を得、諸国に配布して五百の船を献納させる。
- *154　2月阿知使主・都加使主を呉国に派遣して縫工女を求める。呉王は工女の兄媛(えひめ)・弟媛(おとひめ)・呉織(くれはとり)・穴織(あなはとり)の4人の婦女を与える。
- *155　2月百済の直支王はその妹新斉都媛を派遣して朝廷に仕えさえる。この時新斉都媛は7人の婦女を連れて来る。
- *156　1月菟道稚郎子の即位を心に決めていた天皇は大山守命と大鷦鷯尊に打診した。大山守命の意見に違和感を持った天皇は菟道稚郎子を後継者とした。そして大山守命に山川林野を司らせた。大鷦鷯に皇太子の補佐として国事をまかせる。

- *157　2月天皇明宮で崩御（年110歳）。この月阿知使主らが呉より帰る。工女4人のうち兄媛を宗像大神に献時、3人を大鷦鷯(おおさざき)に献じる。皇太子菟道稚郎子、即位を辞退し、兄の大鷦鷯と譲り合う。菟道稚郎子、大山守皇子を討つ。空位3年、菟道稚郎子、即位を辞退して自殺する。大鷦鷯尊、菟道稚郎子を宇治の山の上に葬る。
- *158　1月大鷦鷯尊即位。難波に都を造る。高津宮という。
- *159　3月磐之姫を皇后とする。
- *160　2月天皇は高台に上り百姓の釜から煙が立たないことを知る。3月百姓の課役を3年間免除する。
- *161　8月大兄去来穂別(いざほわけ)皇子のため壬生部、皇后の葛城部を定める。
- *162　10月難波高津宮の北の郊野を掘り、南の水を引いて西の海に渡す。堀江という。また茨田(まんた)堤を築く。
- *163　7月高麗が鉄の盾と鉄の的を献上する。10月大きな溝を山背の栗隈(くるまのあがた)県に掘る。
- *164　9月茨田屯倉を立て、春米部(つきしねべ)を定める。10月和珥池を造る。この月横野堤を築く。
- *165　11月猪甘津(いかいのつ)に足を渡す。小橋というこの年大道を都の中に造る。また大きな溝を感玖(こんく)に掘る。

天皇名	在位	西暦	干支	天皇名	在位	西暦	干支
	41年	310	庚午 *157		28年	340	庚子
		311	辛未		29年	341	辛丑
		312	壬申		30年	342	壬寅 *167
仁徳天皇 16	1年	313	癸酉 *158		31年	343	癸卯 *168
	2年	314	甲戌 *159		32年	344	甲辰 *169
	3年	315	乙亥		33年	345	乙巳
	4年	316	丙子 *160		34年	346	丙午
	5年	317	丁丑		35年	347	丁未 *170
	6年	318	戊寅		36年	348	戊申
	7年	319	己卯 *161		37年	349	己酉 *171
	8年	320	庚辰		38年	350	庚戌 *172
	9年	321	辛巳		39年	351	辛亥
	10年	322	壬午		40年	352	壬子 *173
	11年	323	癸未 *162		41年	353	癸丑 *174
	12年	324	甲申 *163		42年	354	甲寅
	13年	325	乙酉 *164		43年	355	乙卯 *175
	14年	326	丙戌 *165		44年	356	丙辰
	15年	327	丁亥		45年	357	丁巳
	16年	328	戊子		46年	358	戊午
	17年	329	己丑 *166		47年	359	己未
	18年	330	庚寅		48年	360	庚申
	19年	331	辛卯		49年	361	辛酉
	20年	332	壬辰		50年	362	壬戌
	21年	333	癸巳		51年	363	癸亥
	22年	334	甲午		52年	364	甲子
	23年	335	乙未		53年	365	乙丑 *176
	24年	336	丙申		54年	366	丙寅
	25年	337	丁酉		55年	367	丁卯 *177
	26年	338	戊戌		56年	368	戊辰
	27年	339	己亥		57年	369	己巳

*166 9月砥田宿禰と賢遺臣を新羅に遣わし、朝貢しない理由を問わせる。新羅、直ちに貢献する。

*167 9月皇后磐之姫の紀国遊行中に、天皇、八田皇女を召す。皇后、筒城岡の南に宮室を造り住み、天皇との面会を拒否する。

*168 大兄去来穂別を皇太子とする

*169 6月皇后磐之姫、筒城宮で薨去。

*170 6月皇后磐之姫、筒城宮で薨去。

*171 11月皇后を那羅山に葬る。

*171 11月皇后を那羅山に葬る。

*172 1月八田皇女を皇后とする。

*173 2月隼別皇子と雌鳥皇女、伊勢の藤代で誅殺される。

*174 3月紀角宿禰を百済に遣わし、初めて国郡の境を分け郷土の産物を記録させる。

*175 9月百舌鳥野に遊猟。

*176 5月竹葉瀬を新羅に遣わし、朝貢しない理由を問わせる。しばらくして弟の田道を遣わし新羅を討たせる。

*177 この年蝦夷が叛く。田道を征討に遣わすが、伊寺水門で敗れて死す。

天皇名	在位	西暦	干支	天皇名	在位	西暦	干支
	58年	370	庚午 [178]	履中天皇 17	元年	400	庚子 [184]
	59年	371	辛未		2年	401	辛丑 [185]
	60年	372	壬申 [179]		3年	402	壬寅 [186]
	61年	373	癸酉		4年	403	癸卯 [187]
	62年	374	甲戌 [18]		5年	404	甲辰 [188]
	63年	375	乙亥		6年	405	乙巳 [189]
	64年	376	丙子	反正天皇 18	1年	406	丙午 [190]
	65年	377	丁丑 [181]		2年	407	丁未
	66年	378	戊寅		3年	408	戊申
	67年	379	己卯 [182]		4年	409	己酉
	68年	380	庚辰		5年	410	庚戌
	69年	381	辛巳		6年	411	辛亥 [191]
	70年	382	壬午	允恭天皇 19	1年	412	壬子 [192]
	71年	383	癸未		2年	413	癸丑 [193]
	72年	384	甲申		3年	414	甲寅
	73年	385	乙酉		4年	415	乙卯 [194]
	74年	386	丙戌		5年	416	丙辰 [195]
	75年	387	丁亥		6年	417	丁巳
	76年	388	戊子		7年	418	戊午 [196]
	77年	389	己丑		8年	419	己未 [197]
	78年	390	庚寅		9年	420	庚申
	79年	391	辛卯		10年	421	辛酉 [198]
	80年	392	壬辰		11年	422	壬戌 [199]
	81年	393	癸巳		12年	423	癸亥
	82年	394	甲午		13年	424	甲子
	83年	395	乙未		14年	425	乙丑 [200]
	84年	396	丙申		15年	426	丙寅
	85年	397	丁酉		16年	427	丁卯
	86年	398	戊戌		17年	428	戊辰
	87年	399	己亥 [183]		18年	429	己巳

[178] 10月呉・高麗そろって朝貢する。

[179] 白鳥陵の陵守を挑発して役丁にあてる。天皇が労役の現場に訪れた時、陵守の一人が白鳥になって逃げた。天皇は「この陵はもともと空である。陵守を廃止してはならない」と詔す。

[180] 額田大中彦皇子が闘鶏で氷室を発見、氷を天皇に献上する。

[181] この年、難波根子武振熊を遣わし、飛騨国の宿儺を誅殺させる。

[182] 10月天皇・河内の石津原に陵墓を定め、陵を築く。

[183] 1月天皇崩御。百舌鳥野陵に葬る。この年住吉仲皇子、皇太子去来穂別を殺そうとするが誅殺される。

[184] 2月去来穂別尊、磐余稚桜宮で即位。4月住吉仲皇子に加担たした安曇野連浜子の罪を許し顔面に入墨をいれる。7月葦田宿禰の娘の黒媛を后妃に立てる。

[185] 1月端歯別（允恭）を皇太子とする。蘇我満智・物部伊莒弗・平群木菟・葛城円ら国政に参加させる。10月磐余に都を造る。

[186] 11月両枝船を磐余市磯池に浮かべ后妃と分乗して遊宴する。

[187] 8月初めて諸国に国史を置く。10月石上溝を掘る。

[188] 淡路島で狩猟する。河内の飼部らがお供をし

て馬の轡をとる。卜兆に「飼部らの入墨の臭気を嫌う」と出たので、それより飼部の入墨を廃絶する。

*189　1月草香幡梭皇女を皇后に立てる。3月天皇、稚桜宮で崩御(70歳)。10月百舌鳥耳原陵に葬る。

*190　1月端歯別即位する。8月未事の娘の津野媛を皇太夫人とする。10月河内の多比に都を造る。柴籬宮という。

*191　1月天皇正殿で崩御。群卿協議して雄朝津間稚子皇子に即位を請う。

*192　12月雄朝津間稚子宿禰皇子、即位する。

*193　忍坂大中姫を皇后とする。

*194　氏姓を制定する。甘樫丘で盟神探湯を行う。

*195　7月天皇、葛城襲津彦の孫の玉田宿禰を誅殺する。11月端歯別(反正)を耳原陵に葬る。

*196　12月天皇、皇后の妹弟姫を藤原宮に住まわせる。

*197　2月藤原宮に行幸、河内の茅渟宮に弟姫を住まわせる。

*198　1月皇后、天皇の茅渟宮への行幸をいさめる。

*199　3月茅渟行幸。これより前弟姫のために藤原部を定める。

*200　9月淡路島に行幸、海人の男狭磯に大鮑を取らせ真珠を島の神に奉る。

天皇名	在位	西暦	干支	天皇名	在位	西暦	干支
	19年	430	庚午		4年	460	庚子 *210
	20年	431	辛未		5年	461	辛丑 *211
	21年	432	壬申		6年	462	壬寅 *212
	22年	433	癸酉		7年	463	癸卯 *213
	23年	434	甲戌 *201		8年	464	甲辰 *214
	24年	435	乙亥 *202		9年	465	乙巳 *215
	25年	436	丙子		10年	466	丙午 *216
	26年	437	丁丑		11年	467	丁未
	27年	438	戊寅		12年	468	戊申 *217
	28年	439	己卯		13年	469	己酉 *218
	29年	440	庚辰		14年	470	庚戌 *219
	30年	441	辛巳		15年	471	辛亥 *220
	31年	442	壬午		16年	472	壬子 *221
	32年	443	癸未		17年	473	癸丑 *222
	33年	444	甲申		18年	474	甲寅 *223
	34年	445	乙酉		19年	475	乙卯 *224
	35年	446	丙戌		20年	476	丙辰 *225
	36年	447	丁亥		21年	477	丁巳 *226
	37年	448	戊子		22年	478	戊午 *227
	38年	449	己丑		23年	479	己未 *228
	39年	450	庚寅	清寧天皇 22	1年	480	庚申 *229
	40年	451	辛卯		2年	481	辛酉 *230
	41年	452	壬辰		3年	482	壬戌 *231
	42年	453	癸巳 *203		4年	483	癸亥 *232
安康天皇 20	1年	454	甲午 *204		5年	484	甲子 *233
	2年	455	乙未 *205	顕宗天皇 23	1年	485	乙丑 *234
	3年	456	丙申 *206		2年	486	丙寅 *235
雄略天皇 21	1年	457	丁酉 *207		3年	487	丁卯 *236
	2年	458	戊戌 *208	仁賢天皇 24	1年	488	戊辰 *237
	3年	459	己亥 *209		2年	489	己巳 *238

*201 3月木梨軽皇子を皇太子とする。
*202 皇太子と同母妹の軽大娘皇女との姦通発覚、軽大娘皇女を伊予に移す。茅渟伊予に移す。
*203 1月14日崩御(年若干)。10月河内の長野原陵に葬む。皇太子木梨軽、穴穂皇子を襲おうとするが、物部大前宿禰の家に隠れ、自殺する。12月穴穂皇子即位。都を石上に遷す。穴穂宮という。
*204 2月天皇、根使主の讒言を真に受け叔父の大草香皇子を殺害し、その妻の穴穂妻中姫を妃とし、大草香皇子の妹幡梭皇女を大泊瀬皇子(雄略)に娶す。
*205 中帯姫を皇后とする。
*206 8月大草香皇子と中帯姫の子眉輪王、天皇を殺す。3年後に天皇を菅原伏見陵に葬る。葛城円大臣、坂合黒彦皇子と眉輪王を匿うが、大泊瀬皇子によってともに焼き殺される。10月大泊瀬、市辺押磐皇子を狩猟に誘い、射殺する。この月、御馬皇子捕まえられ、処刑される。11月大泊瀬皇子、泊瀬の朝倉で即位する。
*207 3月草香幡梭姫皇女を皇后とする。
*208 7月百済の池津姫と石河楯を密通の罪で処刑する。10月吉野の御馬瀬で狩猟、御者大津馬飼を殺す。皇太后の勧めで宍人部を置く。この月に史戸・河上舎人部を置く。天下の人「大悪の天皇」という。
*209 4月阿閉臣国見の讒言により、盧城部連武彦、栲幡姫に殺され、栲幡姫も自殺する。
*210 葛城山に狩猟した天皇を一言主神に「誰か」と問われ「幼武尊」と答える。以後人民は「有

*211　4月百済の加須利君（蓋鹵王）、池津姫が火刑に遭ったことを聞いて弟の軍君昆支を天皇に仕えさせる。
*212　3月天皇、后妃に桑の葉を摘ませて養蚕を行うように勧める。4月呉国が使者と遣わす。
*213　8月天皇、吉備下道臣前津屋と同族70人を誅殺させる。この年、天皇、吉備下道臣田狭を任那の国司に任じ、その妻稚媛を召す。田狭、新羅と結んで叛く。また大伴大連室屋に詔して、東漢直掬に命じ、新漢陶部高貴・鞍作堅貴・画部因斯羅我・錦部定安那錦・訳語卯安那らを上桃原・下桃原・真神原の三ヵ所に移住させる。
*214　2月身狭村主青・檜隈民使博徳を呉国に遣わす。この年、新羅、高麗に攻められ、任那の日本府に救援を求める。日本府、高麗を破り、新羅に忠誠を誓わせる。
*215　2月天皇、采女をおかした凡河内直香賜を誅殺させる。3月紀小弓宿禰・蘇我韓子宿禰・大伴談連・小鹿火宿禰らを遣わし、新羅を征討させる。談連は戦死、小弓宿禰は病死する。
*216　9月身狭村主青は呉が献上した2羽の鵞鳥を持って筑紫に到着する。
*217　4月4日身狭村主と青檜隈民使博徳を呉に遣わす。
*218　3月歯田根命、采女山辺小島子を奸す。
*219　1月13日身狭村主らは呉国の使者とともに、呉の献上した技術職人、漢織・呉織・衣織の兄姫・弟姫らを率いて住吉津に停泊する。この月、呉国からの客のために道を作り、磯歯津道に通じ通わし呉坂と名付ける。3月呉人を檜隈野に置き、呉原と名付ける。また衣縫の兄媛を大三輪神に奉り、弟姫を漢衣縫部とする。
*220　この年、秦酒公に禹豆麻佐の姓を与える。
*221　7月桑の栽培に適した国県に桑を植えさせる。また秦の民を分離して移住させ、庸・調を献じさせる。10月漢部を集めて、その伴造の者を定める
*222　3月土師連に清器を進上させる。
*223　8月物部菟代宿禰・物部目連を遣わして伊勢の豪族朝日郎を討たせる。
*224　3月穴穂部を置く。
*225　この年、高麗、百済を滅ぼす。
*226　3月天皇、久麻那利を文洲王に与え、百済を救う。
*227　1月白髪皇子を皇太子とする。
*228　4月文斤王薨じる。天皇昆支の第二子の末多王（東城王）を国王とし国を守らせる。この年筑紫の安致臣・馬飼部ら、高麗を討つ。8月天皇崩御。この月星川皇子、母吉備稚姫の勧めにより大蔵の官となるが、天皇の遺詔により、大伴室屋大連により滅ぼされる。
*229　1月白髪武広国押稚日本根子尊、磐余の甕栗で即位する。10月大泊瀬稚武天皇（雄略）を丹比高鷲原陵に葬る。
*230　2月天皇、大伴室屋大連を諸国に遣わし、白髪部舎人・白髪部靫負を置く。11月播磨に遣わした伊予来目部小楯、市辺押磐皇子（履中）の子の億計王・弘計王を発見する。
*231　4月オケを皇太子とする。9月臣・連を遣わし、風俗を巡視させる。10月犬・馬・玩弄物の献上を禁止する。
*232　8月天皇、自ら囚徒を取り調べる。蝦夷・隼人が帰属する。9月天皇、射殿で百官と海外の使者に弓を射させる。
*233　1月天皇崩御。この月皇太子オケとヲケ王皇位を譲り合う。飯豊青皇女、忍海角刺宮で朝政を執る。11月飯豊青皇女薨じ。葛城埴口丘陵に葬る。天皇を河内坂門原陵に葬る。
*234　1月オケ王の即位辞退により、ヲケ王、近飛鳥八釣宮（大阪羽曳野市飛鳥）で即位する。この月難波小野王を皇后とする。2月近江の来米綿の蚊屋野で父市辺押磐皇子の遺骨を発見する。4月目部小盾に山辺連の氏を賜う。
*235　8月天皇、皇太子億計に諫められ、大泊瀬天皇（雄略）の陵墓を壊すための労役を中止させる。
*236　2月阿閉臣事代、任那に遣わされる。4月福草部を置く。天皇、八釣宮で崩御する。この年紀生磐宿禰、任那を越えて高麗と交通する。百済これを襲い、生磐宿禰逆襲するも兵力尽き、任那から帰る。
*237　1月オケ王石上広高宮で即位する。2月春日大娘皇女（大泊瀬の子）を皇后とする。10月ヲケ天皇を傍丘磐杯丘陵に葬る。
*238　難波小野皇后（顕宗天皇皇后）、礼儀がなかったことを恐れ自殺する。

天皇名	在位	西暦	干支	天皇名	在位	西暦	干支
	3年	490	庚午 [239]		14年	520	庚子
	4年	491	辛未		15年	521	辛丑
	5年	492	壬申 [240]		16年	522	壬寅
	6年	493	癸酉 [241]		17年	523	癸卯 [259]
	7年	494	甲戌 [242]		18年	524	甲辰 [260]
	8年	495	乙亥		19年	525	乙巳
	9年	496	丙子		20年	526	丙午 [261]
	10年	497	丁丑		21年	527	丁未 [262]
	11年	498	戊寅 [243]		22年	528	戊申 [263]
武烈天皇 25	1年	499	己卯 [244]		23年	529	己酉 [264]
	2年	500	庚辰		24年	530	庚戌 [265]
	3年	501	辛巳 [245]		25年	531	辛亥 [266]
	4年	502	壬午 [246]	安閑天皇 27	1年	532	壬子
	5年	503	癸未		2年	533	癸丑
	6年	504	甲申 [247]		3年	534	甲寅 [267]
	7年	505	乙酉 [248]		4年	535	乙卯 [268]
	8年	506	丙戌 [249]	宣化天皇 28	1年	536	丙辰 [269]
継体天皇 26	1年	507	丁亥 [250]		2年	537	丁巳 [270]
	2年	508	戊子 [251]		3年	538	戊午
	3年	509	己丑 [252]		4年	539	己未 [271]
	4年	510	庚寅	欽明天皇 29	1年	540	庚申 [272]
	5年	511	辛卯 [253]		2年	541	辛酉 [273]
	6年	512	壬辰 [254]		3年	542	壬戌 [274]
	7年	513	癸巳 [255]		4年	543	癸亥 [275]
	8年	514	甲午		5年	544	甲子 [276]
	9年	515	乙未 [256]		6年	545	乙丑 [277]
	10年	516	丙申 [257]		7年	546	丙寅 [278]
	11年	517	丁酉		8年	547	丁卯 [279]
	12年	518	戊戌 [258]		9年	548	戊辰 [280]
	13年	519	己亥		10年	549	己巳 [281]

[239] 石上部舎人を置く。
[240] 2月広く国郡に散亡している佐伯部を求める。
[241] 9月日鷹吉士を高麗に派遣する。この年日鷹吉士、高麗より工匠の須流枳（シルキ）・奴流枳（ヌルキ）らを献上する。
[242] 小泊瀬稚鷦鷯（おはつせわかさざきのみこと）（武烈）を皇太子とする。
[243] 8月天皇崩御。小泊瀬稚鷦鷯尊、大伴金村連を遣わし、平群真鳥大臣の子鮪（シビ）を乃楽山（ナラヤマ）に殺す。10月皇を埴生坂本陵に葬る。11月小泊瀬稚鷦鷯尊、大伴金村連を遣わして平群真鳥大臣を殺す。12月小泊瀬稚鷦鷯尊、泊瀬列城で即位する。
[244] 3月春日郎女を皇后とする。
[245] 大伴室屋大連に詔して「信濃国の男丁（よぼろ）を徴発して城の像を水派邑（きのへ）に作れ」という。城上（きのへ）という。
[246] この年百済の国人、末多王を排除し、島王（武寧王）を立てる。

[247] 9月天皇は後継がいないので小泊瀬舎人（名代）を置く。
[248] 4月百済の王、斯我君（し）を派遣して朝貢する。斯我に子が生まれ、法師の君という。
[249] 12月天皇、12月列城宮で崩御。大伴金村大連、丹波に倭彦王を迎えるが、倭彦王は行方をくらます。
[250] 1月大伴金村大連、応神天皇五世孫男大迹王（おおどのおおきみ）を三国に迎える。2月男大迹王、河内の河内樟葉宮で即位する。3月手白香皇女を皇后とする。
[251] 10月小泊瀬天皇（武烈）を傍丘磐杯丘陵に葬る。
[252] 2月使者を百済に遣わす。任那に住む百済の人々を3、4世にさかのぼって調べ、浮浪・逃亡者を百済に送り返す。
[253] 10月都を山背の筒城（つつき）に遷す。
[254] 4月穂積臣押山を百済に遣わす。12月百済、任那

158

の上多利、下多利、娑陀、牟婁の4県を請い、願い通り4県を与える。

*255 6月百済、五経博士を賜る。伴跛国が略奪した己汶の地の返却を請う。8月百済の太子淳陀薨ずる。11月朝廷に百済・新羅・安羅・伴跛の代表を召集し、百済に己汶・帯沙を与える。10月勾大兄皇子を皇太子とする。

*256 2月百済の文貴将軍らの帰国に際し、物部連を添えて遣わす。この月物部連、帯沙江に到達し文貴将軍は新羅を経由して百済に入る。4月伴跛、帯沙江の物部連を攻め、物部連、汶慕羅に逃げる。

*257 5月百済、使者を派遣し、物部連らを己汶に迎えて労い、先導して国に入る。9月百済、物部連らに州利即次将軍を従わせて来朝し、己汶の地を賜ったことに感謝する。また五経博士漢高安茂を段楊爾に代えて奉る。この月百済、灼莫古将軍らを高麗の使者につき添わせて来朝する。

*258 3月弟国に遷都する。

*259 5月百済武寧王薨ずる。

*260 百済の太子明(聖名王)、王位に就く。

*261 9月磐余玉穂に遷都する。

*262 6月近江の毛野臣、6万の兵を率いて任那に行き、新羅に破られた南加羅・喙己吞の復興を図るが、筑紫国造磐井の反乱によって阻まれる。8月物部麁鹿火大連を遣わして磐井を討たせる。

*263 11月物部麁鹿火大連、筑紫の御井郡で磐井を斬り、反乱を鎮圧する。12月筑紫国造磐井の子、筑紫君葛子は糟屋屯倉を献上し、贖罪を請う。

*264 3月百済、加羅の多沙津を請い、その地を賜る。加羅、新羅と結び、日本を恨む。この月近江の毛野臣を安羅に派遣し、南加羅・喙己吞の再建を図る。4月任那の王能末多干岐が来朝し、新羅の侵入に対し、救援を請う。この月近江の毛野臣に任那と新羅を和解させるように命じる。毛野臣、新羅・百済の王を熊川に召集するが、二王は使者を遣わし、参集せず。新羅、任那の4村を奪う。

*265 9月任那の使者、近江の毛野臣の横暴振りを報告する。天皇、毛野臣を呼び戻そうとするが、毛野臣応ぜず。任那の王阿利斯等、新羅・百済に軍兵を請う。二国、久礼牟羅城を築き、帰還の際に騰利□牟羅など5城を攻略する。10月目頬子を遣わし、毛野臣を召喚する。この年、毛野臣、対馬で病死する。

*266 2月天皇磐余玉穂宮で崩御(82歳)。勾皇子、即位する。11月天皇を藍野陵に葬る。

*267 月都を大倭国の勾金橋に遷し、地名によって宮号とする。3月春日山田皇女を皇后とする。4月伊甚屯倉を定める。5月百済、使者を派遣し、調・上表文を奉る。10月小墾田屯倉を沙手媛、桜井屯倉を香香有媛、難波屯倉を宅媛に与える。12月三島に行幸。この月廬城部連枳莒喩の娘幡媛、物部尾輿の首飾りを盗む。枳莒喩、屯倉を献上して贖罪する。また武蔵国造の地位を得た笠原直使主、天皇のために横渟・橘花・多氷、倉樴などの屯倉を設置する。

*268 4月勾舎人部・勾靫部を置く。5月筑紫など諸国に屯倉を設置する。8月諸国に犬養部を置く。9月桜井田部連を遣わし、屯倉の税を管掌せる。12月天皇勾金橋宮で崩御(70歳)。この月に天皇を河内旧市の高屋丘陵に葬る。武小広国押盾(宣化)即位する。

*269 1月都を檜隈廬入野に遷す。3月橘仲皇女を皇后とする。

*270 10月新羅が任那を侵略したため、大伴金村大連の子の磐と沙手彦を遣わし、任那を助けさせる。

*271 2月天皇、檜隈廬入野宮で崩御(73歳)。11月天皇を大倭国の身狭桃花鳥上陵に葬る。

*272 1月石姫を皇后とする。2月百済人己知部が渡来する。3月蝦夷・隼人が帰順する。7月都を倭の磯城郡の磯城島に遷す。磯城島金刺宮という。8月高麗・百済・新羅・任那が朝貢する。秦人・漢人など渡来した人々を集め、各地の国郡に住まわせ、戸籍に登録する。9月難波祝津宮に行幸。

*273 4月百済の聖明王に詔し、任那復興を命じる。

*274 7月百済、紀臣奈率弥麻沙・中部奈率己連を遣わし下韓における任那を問題について報告する。

*275 9月百済聖明王、前部奈率真牟貴文・護徳己州己婁・物部施麻鼾牟等らを遣わし、扶南の財物と奴二人を献上する。

*276 3月百済、奈率阿乇得文・許勢奈率歌麻・物部奈率歌非をつかわし、日本府官人の阿賢移奈斯・左魯麻都の退去を要請する。11月百済聖明王、日本府の臣と任那の執事を招集し、任那復興を協議する。12月越国、佐渡島に粛慎人が漂着したことを報告する。

*277 3月膳臣巴堤使を百済に遣わす。5月百済、奈率己連らを遣わし上表する。9月百済、天皇のために丈六の仏像を造る。11月膳臣巴堤使、百済より帰国する。

*278 1月百済の中部奈率己連らが帰途に就く。6月中部奈率掠葉礼らを遣わし、調を奉る。この年高麗大いに乱れる。

*279 4月百済、前部得率真慕宣文らを遣わし、援軍の派遣を請う。

*280 1月百済の前部得率真慕宣文らの帰国に際し、援軍の約束をする。7月月中部奈率掠葉礼ら帰国。10月370人を百済につかわす。城を得爾斯に築くのを助ける。

*281 6月百済の将徳久貴・固徳馬次らが帰途につく。

159

天皇名	在位	西暦	干支	天皇名	在位	西暦	干支
	11年	550	庚午 *282		9年	580	庚子 *306
	12年	551	辛未 *283		10年	581	辛丑 *307
	13年	552	壬申 *284		11年	582	壬寅 *308
	14年	553	癸酉 *285		12年	583	癸卯 *309
	15年	554	甲戌 *286		13年	584	甲辰 *310
	16年	555	乙亥 *287		14年	585	乙巳 *311
	17年	556	丙子 *288	用明天皇 31	1年	586	丙午 *312
	18年	557	丁丑 *289		2年	587	丁未 *313
	19年	558	戊寅	崇峻天皇 32	1年	588	戊申 *314
	20年	559	己卯		2年	589	己酉 *315
	21年	560	庚辰 *290		3年	590	庚戌 *316
	22年	561	辛巳 *291		4年	591	辛亥 *317
	23年	562	壬午 *292		5年	592	壬子 *318
	24年	563	癸未	推古天皇 33	1年	593	癸丑 *319
	25年	564	甲申		2年	594	甲寅 *320
	26年	565	乙酉 *293		3年	595	乙卯 *321
	27年	566	丙戌		4年	596	丙辰 *322
	28年	567	丁亥 *294		5年	597	丁巳 *323
	29年	568	戊子		6年	598	戊午
	30年	569	己丑 *295		7年	599	己未 *324
	31年	570	庚寅 *296		8年	600	庚申 *325
	32年	571	辛卯 *297		9年	601	辛酉 *326
敏達天皇 30	1年	572	壬辰 *298		10年	602	壬戌 *327
	2年	573	癸巳 *299		11年	603	癸亥 *328
	3年	574	甲午 *300		12年	604	甲子 *329
	4年	575	乙未 *301		13年	605	乙丑 *330
	5年	576	丙申 *302		14年	606	丙寅 *331
	6年	577	丁酉 *303		15年	607	丁卯 *332
	7年	578	戊戌 *304		16年	608	戊辰 *333
	8年	579	己亥 *305		17年	609	己巳 *334

*282 2月百済に使者を遣わし、奈率馬武を派遣するように言い、矢30具を与える。4月百済、中部奈率皮久斤・下部施徳灼干那らを遣わし、狛の捕虜10人を献上する。

*283 この年百済の聖明王、百済・新羅・任那の軍を率い、高麗を討ち、旧領を回復する。

*284 5月百済・加羅・安羅、中部徳率木羅今敦・河内部阿斯比多らを遣わし、援軍の派遣を請う。10月百済聖明王、釈迦仏の金銅像・幡蓋・経綸などを奉る。仏像の可否をめぐって、群臣、論争となる。この年百済、漢城と平壌を放棄し、新羅が漢城に入る。

*285 1月百済、上部徳率科野次酒・杆率礼塞敦を遣わし、軍兵を請う。この月、中部徳率木羅今敦・河内部阿斯比多ら帰国。5月茅渟海より樟木が見つかり、仏像二躯を造らせる。6月百済に内臣を遣わし、良馬2匹・同船2隻・弓50張・箭50具を賜い、援軍を与える。7月樟木勾宮に行幸、船の賦を教えさせる。8月百済、上部奈率科野新羅・下部固徳汶休帯山らを遣わし、援軍の派遣を請う。10月百済の王子余昌、高麗と戦い、これを破る。

*286 1月渟中倉太珠敷尊(敏達)を皇太子とする。百済の使者に対し、援軍1000・馬100匹・船40隻を遣わすと返答。2月百済、下部□率将軍三貴・上部奈率物部烏らを遣わし、援軍の派遣を請う。5月、内臣、船軍を率いて百済に向かう。12月百済下部率汶斯干奴を遣わ

し、状況を報告し、さらに援軍の派遣を請う。百済の聖明王、王子の余昌の救援に新羅に向かい、殺さる。

*287 2月百済の王子余昌、弟の恵を遣わし、聖明王の死を報告する。7月吉備の五郡に白猪屯倉を置く。8月百済の王子余昌、出家を願うが、諸臣に諫められる。

*288 1月百済の王子恵、帰国に際し、武器・良馬・禄物を賜い、阿部臣・佐伯連・播磨直らを遣わし、筑紫の船軍に護衛させる。7月備前の児島郡に屯倉を置く。10月倭国の高市郡に韓人大身狭屯倉・高麗人小身狭屯倉、紀国に海部屯倉を置く。

*289 3月百済余昌、王位を継ぎ、威徳王となる。

*290 9月新羅、弥至己知奈末を遣わし、調賦を賜る。

*291 この年新羅、久礼叱及伐干を遣わし調賦を賜るが、待遇が悪いと恨み、帰国。また新羅、奴氐大舍を遣わし、前の調賦を賜るが、百済の下に列せしめたことに怒り帰国する。

*292 1月新羅、任那の官家を滅ぼす。7月新羅、朝貢する。この月、大将軍紀雄麻呂宿祢・副将軍河辺瓊缶を遣わし、新羅を討たせる。11月新羅、朝貢する。

*293 5月高麗人頭霧唎耶陛らが筑紫に渡来、山背に住まわせる。

*294 この年諸国に大水と飢饉が起こる。

*295 1月胆津を遣わし、白猪田部の丁の籍を調査させる。

*296 3月蘇我大臣稲目宿祢薨ずる。4月泊瀬柴籬宮に行幸。天皇、山背国の相楽郡に館を建てて、越の海岸に漂着した高麗の使者をもてなすように命じた。

*297 3月蘇我大臣稲目宿祢薨ずる。4月泊瀬柴籬宮に行幸。天皇、山背国の相楽郡に館を建てて、越の海岸に漂着した高麗の使者をもてなすように命じた。3月坂田耳子郎君を新羅に遣わし、任那の滅びた理由を問責させる。4月天皇崩御。8月新羅、弔使未叱子失消らを遣わす。9月檜隈坂合陵に葬る。

*298 4月渟中倉太玉磯珠敷尊、即位する。百済の大井に宮を造る。百済の大井に宮を造る。蘇我馬子宿祢を大臣とする。5月王辰爾、高麗の烏羽の書を解読する。6月高麗の調使大使を殺す。7月高麗の使者、帰国する。

*299 5月高麗の使者、越の海岸に漂着。吉備海海直難波に送らせる。7月送使難波、高麗の使者二人を海中に放り込み溺死させる。8月送使難波、偽りの報告をする。

*300 高麗の使者、越の海岸に着く。7月高麗の使者、入京し、使者二人が帰国しない理由を問う。天皇、難波を刑罰に処す。10月吉備国に蘇我馬子を遣わし、白猪屯倉と田部を増益させる。11月新羅、使者を遣わし調を奉る。

*301 1月広姫を皇后とする。3月百済、調を奉る。4月新羅吉士金子、任那に吉士木蓮子、百済に吉士譯田を遣わす。6月新羅、調を奉る。この年宮を譯田に造営する。幸玉宮という。11月皇后広姫薨ずる。

*302 3月豊御食炊屋姫を皇后とする。

*303 2月日祀部・私部（后のための領有地）を置く。5月大別王と小黒吉士を遣わし、百済への宰とする。11月百済の威徳王、大別王らの帰国に際し、経綸若干、律師・禅師・比丘尼・呪禁師・造仏工・造寺工の6人を送る。

*304 3月菟道皇女を伊勢の祠に仕えさせるが、池辺皇子に奸され、解任される。

*305 10月新羅、枳叱政奈末を遣わし調と仏像を奉る。

*306 6月新羅、安刀奈末・失消奈松末を遣わし調を奉るが、天皇収めずに返す。

*307 2月蝦夷数千、辺境で反乱を起こす。魁帥の綾糟を召して忠誠を誓わせる。

*308 10月新羅安刀奈末・失消奈松末を遣わし調を奉るが、天皇収めずに返す。

*309 7月百済にいる火葦北国造阿利斯登の子達率日羅を召す。この年日羅、国政について進言するが、徳爾らに暗殺される。

*310 2月難波吉士木蓮子を新羅に派遣する。木蓮子、新羅より任那に赴く。9月百済から仏像2躯将来。この年蘇我馬子、仏像二躯を迎え各地に修行者を求めさせ、石川の邸宅に仏殿を造る。仏法これより起こる。

*311 2月蘇我馬子、塔を大野丘に建てて、大会の設斎をする。3月物部守屋、仏像・仏殿を焼き、焼け残りの仏像を難波の堀江に捨てさせる。8月天皇崩御。9月橘豊日尊、即位する。磐余に宮を造る。池辺双槻宮という。酢香手

姫皇女を伊勢神宮に奉り、日神の祭祀に奉仕させる。

*312　1月穴穂部間人皇女を皇后とする。5月穴穂部皇子、炊屋皇后をおかそうとし、三輪君逆(さかう)に阻まれるが、物部守屋に三輪君逆を殺害させる。

*313　4月天皇、仏法への帰依を詔す。天皇崩御。6月蘇我馬子、炊屋姫を奉じ、佐伯連丹経手(にふで)らに詔して、穴穂部皇子と宅部皇子を殺害させる。7月天皇を磐余池上陵に葬る。蘇我馬子、物部守屋を滅ぼす。8月泊瀬部皇子、即位する。この月倉梯(くらはし)に宮を造る。

*314　3月大伴糠手連の娘小手子を妃とする。この年法興寺を建る。

*315　7月近江臣満を東山道、宍人臣鴈を東海道、阿部臣を北陸道を視察させる。

*316　3月学問尼善信ら百済から帰国、桜井寺に住む。

*317　4月語訳田天皇(おさた)(敏達)を磯長陵(しなが)に葬る。8月天皇、群臣に詔して任那復興について尋ねる。11月紀男麻呂宿祢らを大将軍とし、筑紫に出向かせる。吉士金を新羅に吉士木蓮子を任那に遣わし、任那のことを問わせる。

*318　11月蘇我馬子、東漢直駒に命じ、天皇を殺させる。この日天皇を倉梯岡陵に葬る。この月東漢直駒、蘇我嬪河上娘を奪ったことが露見し蘇我馬子に殺される。12月額田部皇女(推古)豊浦宮で即位する。

*319　1月仏舎利を法興寺に安置する。4月厩戸王豊聡耳皇子を皇太豊御食炊屋姫子に立て摂政とする。9月橘豊日天皇(用明)を河内磯長陵に改装する。この年より四天王寺を造り始める。

*320　2月皇太子と蘇我馬子に仏教を興隆させる。

*321　5月高麗の僧慧慈渡来。皇太子の師となる。この年百済の僧慧聡も来朝。7月将軍紀男麻呂ら筑紫より帰る。

*322　11月法興寺完成する。慧慈・慧聡住する。

*323　4月百済の王(威徳王)が王子阿佐を遣わし朝貢する。

*324　4月地震あり。全国に命じて地震の神を祭らせる。

*325　2月新羅と任那戦う。この年境部臣を大将軍、穂積臣を副将軍に任じ、任那を助けて新羅を攻撃させる。新羅降伏するが、将軍の帰国後、新羅再び任那を侵す。〔倭国、隋に遣使。『隋書』倭国伝〕

*326　2月皇太子初めて斑鳩(いかるが)に宮殿建てる。高麗に、坂本臣糠手を百済に遣わし、任那を救うように命じる。

*327　2月来目皇子新羅攻撃の将軍とし軍兵2万5000を授ける。4月来目行使筑紫に到着する。6月大伴連囓・坂本臣糠手百済より帰国する。10月百済の僧観勒来朝する。歴本と天文や地理の書など賜る。10月高麗の僧僧隆・雲聡来朝する。

*328　2月来目皇子、筑紫で薨ずる。4月来目の兄の当麻皇子を新羅征討の将軍とする。7月当麻皇子、難波を出発するが妻の舎人姫王が明石で薨じ、征討乗ぜず。10月天皇、小墾田宮に遷る。12月初めて冠位12階を施行する。

*329　4月皇太子(聖徳太子)、憲法17条を作る。

*330　4月鞍作鳥を造仏の工匠とする。この時高麗の大興王、黄金300両を奉る。

*331　4月銅および繡(ぬいもの)の丈六仏像完成、元興寺に安置する。

*332　7月小野妹子を大唐(隋)に遣わす。

*333　4月小野妹子、大唐の使人裴世清(はいせいせい)とともに帰国する。8月裴世清、大唐の国書を奏上。9月裴世清帰途。このとき天皇、皇帝への挨拶の言葉をもたせて小野妹子も随行させる。

*334　9月小野妹子、帰国する。

天皇名	在位	西暦	干支	天皇名	在位	西暦	干支
	18年	610	庚午 *335		12年	640	庚子 *355
	19年	611	辛未		13年	641	辛丑 *356
	20年	612	壬申	皇極天皇 35	1年	642	壬寅 *357
	21年	613	癸酉 *336	蘇我豊財重日足姫	2年	643	癸卯 *358
	22年	614	甲戌 *337		3年	644	甲辰 *359
	23年	615	乙亥 *338		4年	645	乙巳 *360
	24年	616	丙子	孝徳天皇 36 大化	1年	645	乙巳 *361
	25年	617	丁丑		2年	646	丙午 *362
	26年	618	戊寅 *339		3年	647	丁未 *363
	27年	619	己卯		4年	648	戊申 *364
	28年	620	庚辰 *340		5年	649	己酉 *365
	29年	621	辛巳 *341	白雉	1年	650	庚戌 *366
	30年	622	壬午		2年	651	辛亥 *367
	31年	623	癸未 *342		3年	652	壬子 *368
	32年	624	甲申 *343		4年	653	癸丑 *369
	33年	625	乙酉		5年	654	甲寅 *370
	34年	626	丙戌 *344	斉明天皇 37	1年	655	乙卯 *371
	35年	627	丁亥		2年	656	丙辰 *372
	36年	628	戊子 *345		3年	657	丁巳 *373
舒明天皇 34	1年	629	己丑 *346		4年	658	戊午 *374
	2年	630	庚寅 *347		5年	659	己未 *375
	3年	631	辛卯 *348		6年	660	庚申 *376
	4年	632	壬辰 *349		7年	661	辛酉 *377
	5年	633	癸巳 *350	天智天皇 38	1年	662	壬戌 *378
	6年	634	甲午		2年	663	癸亥 *379
	7年	635	乙未		3年	664	甲子 *380
	8年	636	丙申 *351		4年	665	乙丑 *381
	9年	637	丁酉 *352		5年	666	丙寅 *382
	10年	638	戊戌 *353		6年	667	丁卯 *383
	11年	639	己亥 *354		7年	668	戊辰 *384
					8年	669	己巳 *385

*335　3月高麗の王(嬰陽王)、僧曇徴と法定を奉る。〔倭国、隋に遣使。『隋書』倭国伝〕

*336　11月、掖上池・畝傍池・和珥池を造る。難波と都の間荷大道を造る。12月皇太子、片岡山に飢えた人を見る。

*337　6月犬上君三田鍬と矢田部造を大唐(隋)に遣わす。8月蘇我馬子の病気のため1000人を出家させる。

*338　9月犬上君御田鍬と矢田部造、大唐より帰国。11月皇太子の師高麗の僧慧慈、帰国する。

*339　〔隋滅び、唐興る〕

*340　この年皇太子と蘇我馬子、天皇記・国記、臣・連・伴造・国造・181部ならびに公民どもの本記を記録する。

*341　2月皇太子厩戸豊聡耳皇子命薨じる。磯長陵に葬る。

*342　7月新羅は大使奈木智洗爾、任那は達率奈未智を遣わし、仏像・金の塔・舎利などを賜る。この年新羅、任那を討ち、任那、新羅に服従する。難波吉士磐金を新羅に遣わし、吉士倉下を任那に遣わし、事情を問いただす。磐金らが帰国する矢先、境部臣雄麻呂ら、数万の軍を率いて征討に向かう。新羅降伏を請う。

*343　10月蘇我馬子、葛城県を請うが、天皇聞き入れず。

*344　5月蘇我馬子薨ずる。桃原墓に葬る。

*345　3月天皇崩御(75歳)。9月遺詔により竹田皇子の陵に葬る。9月皇嗣決まらず、山背大兄を推す境部摩理勢、田村皇子を推す蘇我蝦夷に滅ぼされる。

*346　1月田村皇子即位。

*347　1月宝皇女を皇后とする。8月犬上君三田鍬・薬

師慧日を大唐(唐)に遣わす。10月天皇、飛鳥岡の傍らに遷る。岡本宮という。

*348　3月百済王義慈、王子豊章(豊璋)を人質として送る。

*349　8月大唐、高表仁を遣わせ、三田鍬を送らせて対馬に到着する。10月高表仁難波津に到着。天皇、大伴連馬飼を江口で迎える。

*350　1月高表仁帰国する。

*351　6月岡本宮火災、田中宮に遷る。7月大派王の朝参の励行に蘇我蝦夷応ぜず。この年大旱魃あり。

*352　この年蝦夷反乱。将軍上毛野君形名、蝦夷を討伐する。

*353　10月有馬温湯宮に行幸。

*354　7月天皇百済宮・百済大寺を建造させる。12月伊予温湯宮に行幸。

*355　10月学問僧南淵請安・学生高向玄理、新羅経由で帰国。

*356　天皇、百済宮で崩御。宮の北で殯(もがり)する。百済の大殯という。

*357　1月舒明天皇の皇后天豊財重日足姫(宝皇女)即位する。蘇我蝦夷を大臣とする。その子入鹿、権勢父に勝る。2月21日百済帛使ら弟翹岐らの追放を報告する。24日翹岐を招き、阿曇山背連比羅夫の家に住まわせる。5月翹岐の子死去。6月大旱魃。7月入鹿雨請の行法に失敗する。8月天皇南淵の川上で祈雨、大雨降る。9月百済大寺建立と飛鳥板蓋宮の造営を詔する。越の蝦夷数千人帰順する。12月舒明天皇の喪葬の礼を行う。この月舒明天皇を滑谷岡に葬る。この年蘇我蝦夷、自分の祖廟を葛城の高宮に建て、八佾(やつら)の儛(まい)を行う。また双墓(ならびのはか)を造り、上宮の乳部(みぶ)の民を集めて墓所に使役するなど専横を極める。

*358　9月舒明天皇を押坂陵に改葬する。吉備島皇祖母命(きびのしまのすめみおやのみこと)(皇極の母)薨ずる。10月蘇我蝦夷、紫冠を入鹿に授け、大臣の位に擬する。

*359　1月中大兄皇子、中臣鎌子の勧めにより蘇我倉山田麻呂の次女遠智姫を妃とする。7月秦造河勝、東国の人大生部多を討つ。11月蘇我蝦夷・入鹿、家を甘樫丘に並び建て、上の宮門・谷の宮門という。

*360　6月8日中大兄皇子、倉山田麻呂に入鹿殺害の謀を打ち明ける。12日中大兄・鎌子ら大極殿で蘇我入鹿を討つ。13日蘇我蝦夷ら誅殺されるに及び、天皇紀・国紀・珍宝をすべて焼く。船史恵尺、焼かれようとする国紀を取り、中大兄に奉る。14日天皇(皇極)中大兄に譲位の意志を伝える。中大兄、鎌子の忠告を受け、軽皇子(皇極の実弟)に即位を勧める。軽皇子は古人大兄に譲ろうとするが、古人大兄は固辞し

て吉野に隠遁する。やむを得ず孝徳即位する。

*361　中大兄皇子を皇太子とする。この日豊財(皇極)天皇に皇祖母尊の称号をたてまつる。阿倍内麻呂臣を左大臣、蘇我倉山田石川麻呂を右大臣、中臣鎌子を内臣、沙門旻法師と高向玄理を国博士とする。19日大化と改元する。7月間人皇女を皇后とする。8月東国の国司を任命し、戸籍を造らせ、田畑を調整させる。仏教を興隆させ、十師を任命する。9月1日使者を遣わし、諸国の武器を収めさせる。3日古人大兄、謀反。12日中大兄、古人大兄皇子らを討伐させる。19日諸国に使を遣わせ、国の総数を記録させ、勝手に土地の所有者になることを禁ずる。12月難波長柄豊埼に遷る。

*362　1月改新の詔を発布。この月諸国の武器庫を建造させる。3月東国の国司の処断を詔する。19日東国の朝集使を戒める。20日皇太子(中大兄)入部524口・屯倉181所を献上。9月高向玄理らを新羅に送り、新羅から任那の調を賜わせる。

*363　この年冠位7色13階の制を定める。新羅、金春秋(のちの武列王)を人質とする。また渟足柵(ぬたりのさく)を造り、柵戸(きのへ)を置く。

*364　この年、磐舟柵(いわふねのさく)を整え蝦夷に備える。

*365　2月冠位12階を制定する。この月高向玄理と僧旻に8省・百官を置かせる。3月大臣阿倍内麻呂、薨じる。蘇我臣日向、皇太子に右大臣蘇我倉山田石川麻呂のことを讒言する。翌日石川麻呂、山田寺で妻ともども殉死する。4月巨勢徳陀古臣左大臣、大伴長徳連を右大臣とする。この年新羅王(真徳王)、金春遂(こせのとこだのおみ)を人質とする。

*366　2月白雄(はくち)と改元する。

*367　12月味経宮(あじのみや)に僧尼2100人余を招き一切経を読ませる。天皇大郡より難波長柄豊埼宮に遷る。この年新羅の貢調使が唐服を着て筑紫に着く。朝廷、服制を改めたことを責め帰国させる。

*368　9月長柄豊埼宮完成する。12月全国の僧尼を招き斎会(さいえ)を催す。

*369　5月遣唐使2船派遣。6月百済・新羅、使を遣わし調を賜る。7月遣唐使1船沈没。5人のみ助かる。この年皇太子(中大兄)倭京に帰ることを願うが、天皇許さず。皇太子・祖母尊(皇極)・間人皇后、そして大海人皇子を従え、倭飛鳥河辺行宮に遷る。天皇、恨みで皇位を去ろうとして宮を山崎に造る。

*370　2月遣唐使2船派遣。押使高向玄理、大唐で卒す。4月吐火羅の人、日向に漂着。7月吉士長丹ら(4年5月派遣)、百済の送使と帰国。10月皇太子、天皇の病

を見舞うため難波宮に赴く。4月天皇崩御。12月大坂磯長陵葬る。

*371 1月斉明天皇、飛鳥板蓋宮で即位する。8月遣唐使（白雉5年2月出発）河辺臣麻呂ら帰国。この冬飛鳥板蓋宮火災、飛鳥川原宮に遷る。この年蝦夷・隼人帰属。

*372 9月高麗に膳臣葉積らを遣わす。この年後飛鳥岡本宮に遷る。田身嶺に両槻宮を建てる。その他石垣など造営工事を行う。また吉野宮も造営する。

*373 7月吐噶喇の人、筑紫に漂着。須弥山の像を作る。9月有間皇子、狂人を装う。この年沙門智達らを新羅に送り、大唐に送るよう要請するが新羅承知せず。

*374 4月阿陪臣、軍船180艘率いて蝦夷を討伐する。5月皇孫の建王薨ずる。7月蝦夷200余人、朝廷に参上して物を献上する。この月沙門智通・智達、新羅の船に乗り唐に行き、玄奘法師に学ぶ。11月9日蘇我赤兄、藤白坂で有馬皇子を絞殺する。この年阿倍引田比羅夫、粛慎を討つ。

*375 3月安倍臣、蝦夷を討つ。7月坂合部連石布らを唐に派遣する

*376 1月高麗の使人乙相賀取文ら筑紫に着く。3月阿倍臣、粛慎を討つ。5月皇太子（中大兄）漏刻（水時計）を作る。9月百済、使を遣わし、「新羅が唐と手を組み、百済を滅ぼしたが、異心福信らが王城を保っている」と報告する。10月百済、佐平貴智らを遣わし、唐の捕虜100余人を奉る。倭国救援軍の派遣を乞い、あわせて人質の王子余豊璋を国主に迎えたいと願い出る。12月天皇救援軍派遣のため難波宮に向かい、武器を準備する。

*377 1月天皇の船、西征に出発。伊予の熟田津の石湯行宮に到着。3月天皇娜大津に着き、磐瀬行宮に入る。4月百済の福信、王子糺解（豊璋）を迎えることを乞う。5月天皇、朝倉橘広庭宮に遷る。7月天皇、朝倉宮で崩御。皇太子中大兄称制（即位せずに政務を執ること）。8月皇太子、将軍たちに百済を救援させ、武器・食料をおくる。9月皇太子、長津宮で王子余豊璋に冠を与え、軍兵5000余人で豊璋を護衛して帰国させる。10月、天皇の柩、難波に着く。11月、飛鳥川原で殯を行う。

*378 1月百済の佐平鬼室福信に、矢・糸・綿・布・稲を賜る。3月余豊璋に布を賜る。この月高麗・唐・新羅に攻められ、救援を乞う。5月安曇比羅夫大連ら軍船171隻で余豊璋を百済に送り、百済王とする。12月百済王豊璋、朴市田来津の諫めを聞かず、州柔から避難し都を遷す。この年百済救援のため武器・船舶・食料を用意する。

*379 2月新羅、百済の南部4州を焼く。豊璋、州柔に戻る。3月前軍・中軍・後軍、27000人を遣わし新羅を討つ。6月前軍の将軍上毛野君稚子ら、新羅の沙鼻・岐奴江の2城を落とす。百済王豊璋、佐平福信を斬る。8月17日新羅、百済王が良将を斬ったことを知り、州柔の王城を包囲する。大唐の将軍、軍船170隻を率いて白村江に戦列を構える。28日倭国の将軍たちと百済王、船隊を整えぬまま攻撃。百済・倭国軍敗退。百済王豊璋、船で高麗に逃亡。9月百済の州柔城降伏。日本の軍船と百済の人々日本へに向かう。

*380 2月冠位16階を制定。3月百済王善光王難波に住まわせる。5月百済鎮将劉仁願、朝散大夫郭務悰を遣わし、上表文を賜る。10月中臣鎌足、沙門知祥を遣わし郭務悰に賜物をする。12月郭務悰帰国。この年対馬・壱岐・筑紫などに防人・烽を置き、筑紫に水城を築く。

*381 2月間人大后薨じる。この月百済の人民400余人を近江の神前郡に住まわせる。8月長門に城を築かせ、筑紫に大野・椽の2城を築かせる。9月唐、劉徳高らを遣わす。12月劉徳高ら帰国。この年小錦守君大石ら大唐に遣わす。

*382 この年百済の男女2000人余を東国に住まわせる。

*383 2月斉明天皇と間人皇女を小市岡上陵に合葬する。3月都を近江に遷す。童謡と火災多し。8月皇太子（中大兄）倭京に行幸する。11月百済鎮将劉仁願、熊津都督府熊山県令上柱国司馬法聡らを遣わし、境部連石積らを筑紫に送る。司馬法聡らの帰途に、伊吉連博徳・笠臣諸石を送使として遣わす。この月倭の高安城・讃吉の山田郡に屋島城・対馬の金田城を築く。

*384 1月皇太子（中大兄）即位。2月倭姫王を皇后とする。9月新羅、金東厳等を遣わし、調を奉る。10月大唐、高麗を滅ぼす。この年大海人皇子、東宮に立つ。

*385 1月蘇我赤兄を筑紫率に任ずる。3月耽羅、王子久麻伎らを遣わし朝貢する。10月10日天皇、中臣鎌足の病いを見舞う。15日天皇、鎌足に大織冠と大臣の位を授け、藤原姓を賜う。16日鎌足薨去。この冬斑鳩寺火災。この年河内直鯨を大唐に遣わす。また佐平余自信・佐平鬼室集斯ら700余人を近江の蒲生郡に移住させる。大唐、郭務悰ら2000人余を遣わす。

165

天皇名	在位	西暦	干支		天皇名	在位	西暦	干支	
	9年	670	庚午	*386		3年	699	己亥	*416
	10年	671	辛未	*387		4年	700	庚子	*417
天武天皇 40	1年	672	壬申	*388	大宝	1年	701	辛丑	*418
	2年	673	癸酉	*389		2年	702	癸寅	*419
	3年	674	甲戌	*390		3年	703	癸卯	*420
	4年	675	乙亥	*391	慶雲	1年	704	甲辰	*421
	5年	676	丙子	*392		2年	705	乙巳	*422
	6年	677	丁丑	*393		3年	706	丙午	*423
	7年	678	戊寅	*394		4年	707	丁未	*424
	8年	679	己卯	*395	元明天皇 46 和銅	1年	708	戊申	*425
	9年	680	庚辰	*396		2年	709	己酉	*426
	10年	681	辛巳	*397		3年	710	庚戌	*427
	11年	682	壬午	*398		4年	711	辛亥	*428
	12年	683	癸未	*399		5年	712	壬子	*429
	13年	684	甲申	*400		6年	713	癸丑	*430
	14年	685	乙酉	*401		7年	714	甲寅	*431
朱鳥	1年	686	丙戌	*402	元正天皇 霊亀	1年	715	乙卯	*432
持統天皇 41	1年	687	丁亥	*403		2年	716	丙辰	*433
	2年	688	戊子	*404	養老	1年	717	丁巳	*434
	3年	689	己丑	*405		2年	718	戊午	*435
	4年	690	庚寅	*406		3年	719	己未	*436
	5年	691	辛卯	*407		4年	720	庚申	*437
	6年	692	壬辰	*408		5年	721	辛酉	*438
	7年	693	癸巳	*409		6年	722	壬戌	*439
	8年	694	甲午	*410		7年	723	癸亥	*440
	9年	695	乙未	*411	神亀	1年	724	甲子	*441
	10年	696	丙申	*412					
	11年	697	丁酉	*413					
文武天皇 42	1年	697	丁酉	*414					
	2年	698	戊戌	*415					

*386 2月戸籍（庚午年籍）を造り、盗賊と浮浪を取り締まる。高安城を修理する。4月法隆寺火災。

*387 1月大友皇子を太政大臣、蘇我赤兄を左大臣、中臣金連を右大臣とする。大海人皇子、冠位・法度のことを行う。百済鎮将軍劉仁願、李守真らを遣わし上表する。10月17日天皇、東宮（大海人皇子）に後事を託すが、東宮固辞する。19日大海人出家のため吉野に向かう。11月唐の使人郭務悰ら比知島に泊まって来朝の意を大宰府に伝える。大友皇子・蘇我赤兄ら6人誓約する。12月天皇近江宮で崩御。

*388 3月安曇連稲敷を遣わし、郭務悰らに天皇の崩御を伝える。5月甲・冑・弓矢を郭務悰らに賜う。郭務悰ら帰国。この月大海人、近江朝廷の動きを知り、挙兵の決意をする。6月21日村国連男依らを美濃に派遣。兵の徴発と、不破の道を防ぐよう命じる。24日大海人、吉野から東国へ出発する。26日朝明郡の迹太川のほとりで天照大神を遥拝する。27日大海人、不破に入り野上に行宮を営む。29日大伴連吹負、飛鳥で挙兵、将軍に任じられる。7月2日紀臣阿閉麻呂ら数万を倭に向かわせ、村国連男依ら数万を近江に進入させる。7月4日将軍吹負乃楽山で近江軍に敗れ退却する。7日村上連男依ら息長の横河で近江軍を破る。22日男依ら瀬田に到達。大友皇子左右大臣ら敗走。将軍吹負、倭の地を平定。

23日男依ら近江の将軍犬養連五十君・谷直塩手を粟津市で斬る。大友皇子、山前で自経する。8月近江方の郡臣を処罰。右大臣中臣連金斬刑、左大臣蘇我臣赤兄流罪。9月倭京に着き、島宮に入る。島宮から岡本宮に帰還する。この年宮殿を岡本宮の南に造り、冬に還る。飛鳥浄御原宮という。

*389　2月天皇、飛鳥浄御原宮で即位。正妃（鸕野皇女、持統）を皇后とする。3月川原寺で一切経（経典の総称大蔵経とも）の書写を始める。4月大来皇女を泊瀬斎宮に住まわせる。12月美濃王らを造高市大寺（大官大寺）司に任命する。

*390　8月忍壁皇子に石上神宮の神宝を磨かせる。10月大来皇女、泊瀬斎宮から伊勢神宮に出発する。

*391　1月初めて占星台を建てる。諸国から歌の上手な男女・侏儒・伎人を賜わせる。4月僧尼2400人余を招き斎会を催す。風神を竜田の立野に祭らせ、大忌神を広瀬の河輪に祭らせる。牛馬の肉食を禁ずる。7月大伴連国麻呂を新羅に遣わす。

*392　1月国司任用の制を定める。10月物部連麻呂らを新羅に派遣する。11月新羅、金清平を遣わし国政を奏上し、金好儒らを遣わし調を奉る。この月諸国に遣わし『金光明経』『仁王経』を説かせる。

*393　6月東漢直らに詔して訓戒する。8月飛鳥寺に盛大な斎会を催し、一切経を読ませる。

*394　この春、天神地祇を祭る。全国で天神地祇を祭る。全国で大祓いをさせ、斎宮を倉梯の川上に建てる。4月十皇女発病し、宮中に薨じる。

*395　5月吉野宮に行幸。天皇、皇后と草壁・大津・高市・河島・忍壁・芝基の諸皇子に詔して、千年の後までも事がないよう誓わせる。この月初めて関を竜田山と大坂山に置き、羅城を難波に築く。

*396　1月忌部首首に連姓。4月広瀬・竜田の神を祭る。5月『金光明経』を宮中と諸寺で説かせ始める。11月皇后の病のため誓願して薬師寺の建立を始める。

*397　1月畿内及び諸国の神社の社殿を修理させる。2月天皇・皇后、律令を定め、方式を改めることを詔する。草壁皇子を皇太子とする。2月川島皇子らに帝紀及び上古の諸事を記定させる。禁色92条を制定し、親王から庶民までの服飾を規定する。錦織造小分以下14人に連賜姓。7月皇后、誓願して盛大な斎会を催す。8月来朝した3韓の人々の子孫の課役を免除する。

*398　3月境部連石津らに命じて『新字』一部44巻を作らせる。親王以下諸臣の食封（封戸）を公に返還させる。7月隼人、方物を奉る。

*399　2月大津皇子初めて朝政を聴く。3月僧正・僧都・律師を任命して僧尼を統領させる。9月倭直以下38氏に連賜姓。10月三宅吉士以下14氏に連賜姓。12月伊勢王らを遣わし諸国の境界を区分させる。

*400　1月三野県主・内蔵衣縫造の2氏に連賜姓。2月広瀬王らを畿内に遣わし、都とする地を視察させる。また三野王らを信濃に遣わし視察させる。5月百済の僧尼・俗人23人を武蔵に住まわせる。10月八色の姓を定める。守山公以下13氏に真人姓賜姓。伊勢王らを遣わし、諸国の境界を定める。11月大三輪君以下52氏に朝臣賜姓。12月大伴連以下50氏に宿禰賜姓。

*401　1月爵位の号を改め、諸王以上12階、諸臣48階に位階を増加する。草壁皇子に浄広壱、大津皇子に浄大弐、高市皇子に浄広弐の位を授ける。6月大倭連ら11氏に忌寸賜姓。8月天皇病気のために大官大寺・川原寺・飛鳥寺で読経させる。『金剛般若経』を宮中で説かせる。

*402　1月難波宮火災。多紀皇女伊勢神宮に遣わす。5月天皇病篤（朱鳥）く、川原寺で『薬師経』を説かせ、宮中で安居させる。6月槻本村主勝麻呂に連賜姓。草薙剣を熱田社に安置させる。伊勢王らを飛鳥寺に遣わし、誓願を依頼し、珍宝を奉る。7月2日結髪令を解除する。4日全国の調の半分と労役を免除する。8日100人の僧に宮中で『金光明経』を読ませる。16日広瀬・竜田の神を祭る。20日改元して朱鳥という。28日宮中の御窟院で斎会を設ける。この月天皇のために観世音菩薩を宮中に安置して『観音経』200巻を大官大寺で読ませる。13日秦忌寸石勝を遣わし

167

幣を土佐大神に奉る。9月4日親王以下諸臣、川原寺で誓願。9日天皇、正宮で崩御。11日初めて発哀（慟哭すること）が行われ、24日殯宮を南庭に建てる。この時大津皇子、皇太子（草壁）に謀反を企てる。27日 謀 を奉る。10月2日大津皇子の謀反発覚。3日大津皇子、訳語田の家で死を賜る。29日、新羅僧行心、連座して飛騨国の寺に流罪。11月大来皇女、伊勢より帰京。12月天武天皇のために無遮大会を大官大寺など五つの寺で催す。

*403 3月高麗から来朝した56人を常陸国に住まわせる。新羅から来朝した14人を下毛野国に住まわせる。筑紫大宰、新羅から来朝した僧尼・人民22人を武蔵国にたまわる。10月皇太子（草壁）大内陵を築く工事を始める。

*404 1月無遮大会を薬師寺で行う。11月天武天皇を大内陵に葬る。12月蝦夷の男女230人に冠位を授ける。

*405 1月吉野行幸。2月浄広肆竹田王・藤原朝臣等を判事とする。4月来朝した新羅人を下毛野国に住まわせる。皇太子草壁皇子薨ずる。5月諸司に令1部22巻（浄御原令）を配布する。

*406 1月皇后が即位する。2月吉野に行幸。渡来した新羅の韓奈末許満ら12人を武蔵国に住まわせる。4月広瀬大忌神と竜田風神とを祭らせる。百済の男女21人渡来。7月高市皇子を太政大臣とし、多比島真人を右大臣とし、八省・百寮を選任する。10月高市皇子、藤原宮の地を視察する。11月初めて元嘉暦・儀鳳暦を施行する。12月天皇、藤原の宮地を視察する

*407 8月大三輪・雀部ら18氏に詔して祖先の墓記を奉らせる。9月川島皇子薨ずる。10月吉野行幸。新益京（藤原京）の鎮祭を行わせる。1月神祇伯中臣朝臣大島、天神寿詞を読む。

*408 1月天皇、新益京の路を見る。3月伊勢行幸。5月難波王を遣わし、藤原宮を鎮祭させる。伊勢・大倭・住吉・紀伊の大神に幣を奉り、新宮のことを報告させる。

*409 浄広壱を高市皇子に賜う。全国の人民に黄色の布、奴には黒衣を着用させる。

*410 1月吉野行幸。4月吉野行幸。

*411 1月浄広弐を舎人皇子に授ける。4月広瀬大忌神と竜田風神とを祭らせる。8月吉野行幸。9月小野朝臣毛野ら新羅に出発。12月吉野行幸。

*412 7月高市皇子薨ずる。12月『金光明経』を読むた毎年12月の晦日に10人を得度させることを決める。

*413 2月当麻真人国見を東宮大傅とする。3月無遮大会を春宮に催す。7月広瀬大忌神と竜田風神とを祭らせる。公卿・百寮、仏像の開眼の法会を薬師寺で催す。8月天皇、皇太子軽皇子（文武）に譲位する。

*414 8月、藤原宮子を夫人とする。

*415 12月越後国に石船柵を修理させる。多気大神宮を伊勢国度会郡に遷す。

*416 3月畿内に巡察使を派遣する。5月役小角を伊豆島に流す。7月多褹・夜久・奄美・度感の人、方物を貢献する。10月斉明陵・天智陵造営のため赦。

*417 2月庚子、3月諸王臣に3令文の読習、律条の撰成を命じる。6月刑部親王・藤原不比等らに律令（『大宝律令』）を選定させる。

*418 1月23日遣唐執節使粟田真人・大使高橋笠間・少録山上憶良らを任命（7次遣唐使）。3月阿倍御主人を右大臣、石上麻呂・藤原不比等・紀麻呂を大納言とする。5月粟田真人に節刀。大宝の年号を建てる。8月『大宝律令』完成。刑部親王・藤原不比等らに禄を賜う。8月明法博士を西海道を除く6道に派遣し、新令を講説させる。この年夫人藤原宮子、首皇子（後の聖武天皇）を産む。

*419 1月僧正・大僧都・少僧都・律師を任命。2月『大宝律』を天下に頒布。3月初めて度量を諸国に頒布。4月諸国国造の氏を定める。6・29遣唐使、筑紫を出発。8月兵を発して薩摩・多褹を征服し、戸籍を造り、吏を置く。12月美濃国の岐蘇山道（木曽路）を開く。持統天皇没。

*420 1月7道に巡察使を派遣。刑部親王を知太政大官に任命。7月『庚午年籍』を戸籍台帳として、改易を禁じる。12月持統太上天皇を火葬する。諡号大倭根子天之広野日女尊とする。12月26日太上天皇を檜隈大内陵に合葬する。

*421 1月石上麻呂を右大臣とする。5月10日慶雲に改元する。7月遣唐使粟田真人帰国。10月粟田真人、拝朝。

*422 4月大納言4人を2人に減じ、中納言3人を新たに置く。9月穂積親王を知太政官事に任命。

*423 10月藤原京に遷る。12月多紀内親王を伊勢神宮に遣わす。

168

*424　2月19日諸王臣5位以上に遷都のことを論議させる。3月遣唐副使巨勢邑治ら帰国。4が月藤原不比等に食封を賜う。5月百済救援のため捕虜となった錦部刀良らに賜物。6月文武天皇没。7月17日阿閇皇女（元明天皇）、藤原宮大極殿に即位。11月12日文武天皇を火葬し、20日檜隈安古山陵に葬る。諡号倭根子豊祖父天皇。

*425　1月武蔵国秩父郡の和銅献上により、和銅に改元。3月石上麻呂を左大臣、藤原不比等を右大臣、大伴安麻呂を大納言、小野毛野・阿倍宿奈麻呂・中臣意美麻呂を中納言とする。8月倭同銅銭発行。9月造平城京司を任命。越後国に新たに出羽郡を建てる。10月伊勢大神宮に奉幣する。12月平城宮の地を鎮祭。

*426　3月陸奥・越後の蝦夷を攻撃するため巨勢麻呂を陸奥鎮東将軍、佐伯石湯を征越後蝦夷将軍に任命し、諸国の兵士を徴発する。7月蝦夷征討のための兵器を出羽柵に送らせる。9月藤原房前に東海・東山道を視察させる。10月畿内・近江国の百姓が、浮浪人・逃亡仕丁を容認し、私用に使役することを禁じる。

*427　1月朝賀。隼人・蝦夷参列。3月10日平城京に遷る。4月陸奥国の蝦夷に君の姓を賜う。この月藤原不比等、厩坂寺を平城京に移し、興福寺とする。

*428　3月日上野国甘楽郡の6郡を割き、新たに多胡郡を置く。7月郡司に律令の励行を命じる。12月王臣の山野占有を禁じ、空閑地の開墾は官許とする。

*429　1月太安万侶、『古事記』を撰上　9月越後国出羽郡を割き、出羽国を置く。10月陸奥国最上・置賜両軍を出羽国に編入。

*430　4月丹波国・美作国・大隅国を置く。5月諸国の郡・郷に好字を用いさせる。風土記の撰進を命じる。7月隼人征討の将軍・士卒に授勲。10月石川（刀子娘）・紀（竈門娘）の号を貶める。陸奥国に丹取郡を置く。

*431　2月紀清人・三宅藤麻呂に国史を撰修させる。2月出羽国で養蚕を行わせる。6月皇太子（首皇子）元服（7歳）。10月尾張・信濃・上野・越後4国の民200戸を出羽の柵戸（開拓民）とする。

*432　1月皇太子首親王拝朝。蝦夷・南島人、方物を賜る。吉備内親王の男女を皇孫の扱いとする。5月相模・上総・常陸・上野・武蔵・下野の富民1000戸を陸奥に移配する。諸国の資産あるものを20戸を京に移す。9月天皇譲位、氷高内親王（元正天皇）平宮大極殿で即位する。霊亀と改元。蝦夷の申請により陸奥国香河村・閇村に郡家を置く。

*433　4月河内国大鳥・和泉・日根3郡を割き、新たに和泉監を置く。5月駿河国など7国の高麗1799人を武蔵国に移し、高麗郡を置く。大安寺を平城京に移す。8月20日遣唐押使多治比県守・大使阿部安麻呂・副使藤原宇合らを遣唐使に任命。9月陸奥国置賜・最上2郡と信濃・上野・越前・越後国との人民100戸とを出羽国に隷させる。

*434　2月信濃など4国の百姓各100戸を出羽の柵戸に移配。4月斎王久勢女王、伊勢神宮に向かう。大隅・薩摩国の隼人、歌舞を奏する。5月上総・信濃国に絁の調を貢させる。10月藤原房前を参議とする。11月高句麗・百済滅亡に当たり帰化した者の課役を終身免除する。養老と改元。この年里を郷に改称。郷の下に里を置く（郷里制の施行）。

*435　1月長屋王・安倍宿奈麻呂を大納言、多治比池守・巨勢祖父・大伴旅人を中納言とする。5月能登・安房・石城・石背の4国を新たに建てる。9月法興寺を平城京に移す。12月遣唐押使多治比県守帰国、節刀を賜る。この年藤原不比等律令（『養老律令』）10巻を制定。

*436　1月藤原武智麻呂ら、皇太子（首親王）を賛引。遣唐使、唐国の朝服を着し拝見。粟田真人没。造薬師寺に史生を置く。5月諸国貢調の絹・絁などの規格を定める。6月皇太子首皇子初めて朝政を聴く。7月東海・東山・北陸道の民200戸を出羽柵に移す。7月初めて按察使を置く。10月舎人親王・新田部親王に皇太子の補佐を命じる。交替

*437　1月渡島津軽津司を靺鞨国に派遣し、風俗を観察させる。3月隼人反乱、大隅守を殺害、大伴旅人を征隼人持節大将軍に任命。右大臣藤原不比等に授刀資人を加える。4月日本紀（日本書紀）の完成。7月藤原不比等病む。征隼人大伴旅人を帰京させる。8月3日藤原不比等死去。8月4日舎人親王知太政官事に任命。9

月陸奥国蝦夷反乱。按察使を殺害。多治比県守を持節征夷大将軍、阿部駿河を持節鎮狄将軍に任命。10月藤原不比等に太政大臣・正1位を贈る。

*438 1月長屋王を右大臣、多治比池守を大納言、藤原武智麻呂を中納言とする。5月元明上皇の病により大赦。県犬養三千代、仏道に入る。6月医術により僧法蓮を褒章する。信濃国を割き諏訪国を置く。10月元明上皇、長屋王・藤原房前に遺詔し、後事を託す。12月元明上皇没。

*439 1月謀反を誣告した多治比三宅麻呂と、天皇を非難した穂積老を配流。4月陸奥按察使管内の調・庸を免ずる。良田100万町歩の開墾を計画。公私出挙の利率を10分に1に減らす。5月長屋王に稲・籾を賜る。柵戸1000人を陸奥鎮所を配する。11月天武・持統天皇のために弥勒・釈迦像を造らせる。

*440 4月三世一身法を定め、開墾を勧める。9月出羽国司の進言を受けて蝦夷に爵を加える。11月下総国香取郡・常陸国鹿島郡・紀伊国名草郡などの郡司少領以上に3等以上の親の連姓を許す。

*441 1月出雲国造広嶋、神賀の辞を奏する。出雲広嶋らに叙位・爵位。2月元正天皇、皇太子首親王に譲位。聖武天皇即位。藤原夫人（宮子）を大夫人とする。陸奥国配備の鎮兵と父母。妻子に陸奥への移貫を許す。3月長屋王らの奏言により藤原夫人の称号を改める。陸奥国の反乱を奉じる。4月諸国に軍器を造らせる。蝦夷に殺害された陸奥大じょう佐伯児麻呂に贈位。征夷将軍を任命。持節大将軍藤原宇合。藤原宇合を持節大将軍に任命する。5月出羽の蝦狄を鎮めるために、小野牛飼を鎮狄将軍に任命する。この年多賀城を造る。

あとがき

　アマテラスを祖とし神武を初代天皇とする『日本書紀』は虚と実の物語で構成されています。『日本書紀』が虚・実半々であることは本書の第1章で述べた通りですが、それはさておき、日本の本当の古代史を知るためには5つの問題をクリアしなければなりません。

　日本古代史の5つの問いの最初の1つは、『宋書』倭国伝記載の倭の五王讃・珍・済・興・武の倭王武はだれかということです。2つは隅田八幡鏡銘文の日十大王はだれか。3つは稲荷山鉄剣銘文のワカタケル大王はだれか。4つ目の稲荷山鉄剣銘文の辛亥年は471年か531年か、いずれかを選択しなければなりません。5つ目の邪馬台国は九州佐賀県の吉野ケ里遺跡か、それとも奈良県桜井市の纏向遺跡か。いずれかに決めなければなりません。

　本書の答えははっきりしています。答えは結局1つなのです。

　1つ目の倭王武は百済王余慶（蓋鹵王）の弟余昆＝昆支です。2つ目の日十大王は倭王武です。3つ目のワカタケル大王は天国排開広庭の和風諡号もつ『日本書紀』記載の欽明天皇です。4つ目の辛亥年は531年です。5つ目の邪馬台国は吉野ケ里です。

　5つの問題のどれか1つ解くことができれば、残り4つも解くことができます。しかしどれか1つ解けなければ残り4つも解明することができません。5つは互いに結び、連動し、整合性をもっているからです。だから答えは1つなのです。

　これら5つ問いは問いそのものの中に「朝鮮半島からの新旧二つの渡来集団による古代日本国家の成立」という石渡信一郎の命題が凝縮されています。

　新旧の新とは『日本書紀』の応神天皇を始祖とする百済系渡来集団のことです。旧は崇神天皇を始祖とする加羅系渡来集団です。卑弥呼の邪馬台国を滅ぼし三輪山麓に都を造ったのは最初に渡来した加羅系集団です。

　加羅系渡来集団は南は薩摩・大隅半島、北は東北の岩手県水沢まで進出

します。新の渡来集団の百済王余慶（蓋鹵王）の弟余昆＝昆支は、崇神・垂仁＋倭の五王「讃・珍・済・興・武」（崇神王朝）の倭王済に婿入りした後、百済系ヤマト王朝を立てます。

　したがって伝応神陵（誉田陵）の被葬者は百済の王子昆支（倭王武）です。また伝仁徳陵（大山古墳）の被葬者は昆支の弟余紀＝継体天皇です。昆支（余昆）と余紀（継体）は兄弟であり、両者は百済蓋鹵王の弟です。巻向の箸墓古墳の被葬者は御間城入彦五十瓊殖こと崇神天皇です。

　箸墓古墳の被葬者は決して邪馬台国の卑弥呼ではありません。したがって奈良桜井市の纒向遺跡は邪馬台国ではありません。

　以上が日本古代史成立の実態であり、本当の姿です。もし日本古代国家の形成＝天皇の起原を東アジアの歴史過程に視点を置き換える勇気があるならば、子々孫々まで世界に向かって日本の歴史を語り継ぐことができるだろうと、私は思います。

2018年4月初旬

　　　　　　　　　　　　　　　　　　　　　　　　　　　　林順治

参考文献

〔全般〕

『古事記』（日本古典文学全集1）山口佳紀・神野志隆光校註・訳、小学館、1997年
『三国史記』（全4巻）、金富軾編著、井上秀雄・鄭早苗訳注、平凡社、東洋文庫、1980年
『続日本紀』（新日本古典文学全集）青木和夫、笹山晴生他訳校註、岩波書店、1989年
『続日本紀』（上）宇治谷孟訳、講談社学術文庫、1992年
『日本書紀』（全3巻、新編日本古典文学全集2）、小学館、1994年
『日本史総合年表』吉川弘文館、2005年
『世界史年表・地図』亀井高孝・三上次男・林健太郎・堀米庸三編、吉川弘文館、2002年

〔石渡信一郎の本〕

『日本古代王朝と百済』（私家版）、石渡信一郎、アジア史研究会、1988年
『応神陵の被葬者はだれか』石渡信一郎、三一書房、1990年
『増補新版　百済から渡来した応神天皇』石渡信一郎、2001年
『邪馬台国の都　吉野ケ里遺跡』石渡信一郎、信和書房、2011年
『日本神話と藤原不比等』石渡信一郎、信和書房、2012年
『新訂・倭の五王の秘密』石渡信一郎、信和書房、2016年

〔井原教弼の論文〕

「古代王権の歴史改作のシステム」（『季刊アジア古代の文化』(42号)、大和書房、1985年1月

〔その他〕

『魏書倭人伝・ほか』石原道博編訳、岩波文庫、1951年
『日本国家の起源』井上光貞、岩波新書、1960年
『騎馬民族国家』江上波夫、中公新書、1967年
『日本古代の国家形成』水野祐、講談社現代新書、1967年
『古代朝日関係歴史』金錫亨著、朝鮮史研究会訳、勁草書房、1969年
『神々の体系』上山春平、中公新書、1972年
『続神々の体系』上山春平、中公新書、1975年
『天皇家はどこから来たか』佐々克明、二見書房、1976年
『新版飛鳥──その古代史と封土』門脇禎二、NHKブックス、1977年
「五世紀後半の百済政権と倭」（立命館文学433・434号）、古川政司、1978年
『百済史の研究』坂元義種、塙書房、1978年
「特集　謎の五世紀」（『歴史と人物』1月号）、中央公論社、1980年
『東アジアの世界帝国』（ビジュアル版世界の歴史8）尾形勇、講談社、1985年
『好太王碑論争の解明』藤田友治、新泉社、1986年
『新版　卑弥呼の謎』安本美典、講談社現代新書、1988年
『失われた九州王朝』古田武彦、朝日文庫、1993年
『埋もれた巨像』上山春平、岩波書店、1997年

『日本国家の形成』山尾幸久、岩波新書、1997年
『好太王碑研究とその後』李進熙、青丘文化社、2003年
「季刊邪馬台国」92号（特集隅田八幡神社の人物画像鏡銘文の徹底的研究）、梓書院、2006年
「百舌鳥・古市古墳群出現前夜」（平成25年度春季特別展）、大阪府立近つ飛鳥博物館、2013年
『古代天皇家と日本書紀1300年の秘密』仲島岳、WAVE出版、2017年
『上野三碑』（日中韓国際シンポジウム・パンフ、1917年12月10日）主催・上野三碑世界記憶遺産登録推進協議会・群馬県・高崎市
『倭の五王』河内春人、中公新書、2018年
『十二支読本』矢部敬一、創元社、2017年

著者略歴

林順治（はやし・じゅんじ）

旧姓福岡。1940年東京生まれ。東京空襲の一年前の1944年、父母の郷里秋田県横手市雄物川町深井（旧平鹿郡福地村深井）に移住。県立横手高校から早稲田大学露文科に進学するも中退。1972年三一書房に入社。取締役編集部長を経て2006年3月退社。
著書に『馬子の墓』『義経紀行』『漱石の時代』『ヒロシマ』『アマテラス誕生』『武蔵坊弁慶』『隅田八幡鏡』『天皇象徴の日本と〈私〉1940-2009』『八幡神の正体』『古代七つの金石文』『法隆寺の正体』『ヒトラーはなぜユダヤ人を憎悪したか』『「猫」と「坊っちゃん」と漱石の言葉』（彩流社）。『応神＝ヤマトタケルは朝鮮人だった』『仁徳陵の被葬者は継体天皇だ』（河出書房新社）、『日本人の正体』（三五館）、『漱石の秘密』『あっぱれ啄木』（論創社）、『日本古代史集中講義』『「日本書紀」集中講義』（えにし書房）。

干支一運60年の天皇紀
藤原不比等の歴史改作システムを解く

2018年 4月30日 初版第1刷発行

- ■著者　　林　順治
- ■発行者　塚田敬幸
- ■発行所　えにし書房株式会社
　　　　　〒102-0074　東京都千代田区九段南2-2-7 北の丸ビル3F
　　　　　TEL 03-6261-4369　FAX 03-6261-4379
　　　　　ウェブサイト　http://www.enishishobo.co.jp
　　　　　E-mail info@enishishobo.co.jp

- ■印刷／製本　モリモト印刷株式会社
- ■DTP・装幀　板垣由佳

ⓒ 2018 Junji Hayashi　ISBN978-4-908073-51-9 C0021

定価はカバーに表示してあります。
乱丁・落丁本はお取り替えいたします。
本書の一部あるいは全部を無断で複写・複製（コピー・スキャン・デジタル化等）・転載することは、法律で認められた場合を除き、固く禁じられています。

えにし書房の古代史関連書

日本古代史集中講義
天皇・アマテラス・エミシを語る

林順治 著／四六判並製／ 1,800 円＋税　　ISBN978-4-908073-37-3 C0021

日本国家の起源は？　日本人の起源は？　そして私の起源は？　古代史の欺瞞を正し、明確な答えを導き出しながら学界からは黙殺される石渡信一郎氏による一連の古代史関連書の多くに編集者として携わり、氏の説に独自の視点を加え、深化させたわかりやすい講義録。出自を隠さざるを得なかった新旧2つの渡来集団による古代日本国家の成立と、万世一系神話創設の過程から、最近の天皇退位議論までを熱く語る。

『日本書紀』集中講義
天武・持統・藤原不比等を語る

林順治 著／四六判並製／ 1,800 円＋税　　ISBN978-4-908073-47-2 C0021

『日本書紀』の"虚と実"を解明する！　天智と天武が異母兄弟であることや、天武と古人大兄は同一人物であることなど、驚くべき古代天皇の系譜を紐解く。壬申の乱 (672 年) はなぜ起こったのか。藤原不比等がなぜ『日本書紀』において、蘇我王朝三代（馬子・蝦夷・入鹿）の実在をなかったことにしたのか、という核心的謎に迫る。石渡信一郎の「古代日本国家は朝鮮半島からの新旧二つの渡来集団によって成立した」という命題に依拠した、好評の古代史講義シリーズ第2弾。

卑弥呼の「謎」が解き明かす
邪馬台国とヤマト王権

藤田憲司 著／四六判並製／ 1,800 円＋税　　ISBN978-4-908073-21-2 C0021

三角縁神獣鏡ほか日韓の緻密な発掘データ解析から、まったく新しい鏡文化・脱ヤマト王権論を展開。従来の日本・東アジアの古代史像に一石を投じる。図版データ多数！
邪馬台国は北部九州の中にあったと考えざるを得ない──。
日韓の墳丘墓から出土される鏡に注目し、古墳と副葬品の関連、鏡の文化の変遷をたどる。

捏造の日本古代史
日本書紀の解析と古墳分布の実態から解く

相原精次 著／四六判並製／ 2,000 円＋税　　ISBN978-4-908073-35-9 C0021

"古代史"を取り戻せ！
いまこそ真摯に古代史に向き合いたい。
権力の都合によって捏造された形で流布し、常識となっている古代史の「前提」を疑い、解体する。
日本書紀を虚心に読み込み、その成立過程の「層」構造を究明し、積年の古墳研究により明らかになりつつある豊穣で多様性に富んだ古代史の真の姿に迫る。